Great Decisions

誰もが知っている
億万長者15人のまさかの決断

藤井孝一
［監修］

青春出版社

最後にでっかい成功をつかんだ人はこう考える――監修のことば

ＡＩ（人工知能）は人知を超える可能性があり、学生時代に学んだ知識や技術は、「役に立たない」「過去のものになる」という人がいます。たしかに昨日知り得たことは分刻みで上書きされたり、どんどん陳腐化していきます。「ＡＩが人間の仕事を奪う」シーンが増えていくのは時間の問題でしょう。

とはいえ、社会がどれほど変化しようと、テクノロジーがどんなに進化しようと、「仕事をする」ということの本質に変わりがないことは、本書を一読すれば、きっと実感できることと思います。

本書は、今や世界的大企業にのぼりつめた会社の誕生に立ち会った起業家・経営者の頭の中と、彼らの「決断」をめぐるドラマに迫るものです。

企業の黎明期にあって、彼らがけっして譲らなかったビジネスの哲学とはなにか。その思考力や発想力、リーダーシップ、日々の習慣は、ほかの人のそれとはどこが違っていたのか――。それらを追体験することで、現代を生きるビジネスパーソンや、これから起業を考えている人が大事にしたい「ものの考え方」がリアルに学べるはずです。

彼らは、結果的に大金を得ることになるわけですが、最初から自らの利益だけを目的に顧客や消費者に近づき、競合企業を蹴落とし、従業員に無理な働き方を強いた、というわけではありません。

ほとんどの人は、最初はごく「普通の人」でした。生まれた時から恵まれた環境にあったというわけではなく、むしろ、生活が苦しい家庭に生まれ、あるいは親が事業に失敗してどん底の生活を味わったりします。倒産の憂き目に会うこともあれば、一文無しになることもありました。なんと65歳から事業を立ち上げた遅咲きの経営者もいます。

順風満帆とはいかない人生の困難にあって、自らの道を切り拓いた決断の数々は、まったく古さを感じさせないどころか、その先見の明にきっと驚くことでしょう。

本書が、今を生きるビジネスパーソンが仕事をするうえで、考え方の土台をつくる一助となれば、また、これから起業を考えている人にとって何らかのヒントとなるなら、これ以上の喜びはありません。

藤井孝一
2024年10月

誰もが知っている億万長者15人のまさかの決断＊目次

15　アイデアを「形」にする技術――ゴットリープ・ダイムラー　194

カバー写真■AdobeStock
制作■新井イッセー事務所
DTP■フジマックオフィス

プロローグ

成功する人は、大きな決断を前に何を考えているのか

どんな逆境にあっても

「成功者」になりたいと思っても、誰もがすぐになれるものではない。そこには知力や体力だけでなく偶然という〝時の運〟もついて回るからだ。

ことにビジネスの世界ではその運が勝敗を分けることも多い。過去に大成功を収めた実業家たちを思い浮かべてみればわかるように、誰もが人一倍努力をしただけではなく強運の持ち主でもある。

しかし、一度立ち止まって考えてみてもらいたい。その運とはいったい何だったのだろうか――。

おそらく大実業家と同じ時代を生きていたビジネスマンにもチャンスは平等に巡ってきていたのではないだろうか。彼らが成功者となれなかったのは、絶好の機会が目の前にやって来ても自分が何をすればいいのかわからず、ただ指をくわえて眺めているしかなかったからなのかもしれない。

このビジネスチャンスを生かすために必要なのが、時の運を見逃さないための才覚である。歴史に名を残した多くの実業家たちが、どんな状況の下でどう決断し、どう動いたのか、それを知ることは、明日からのビジネスにおいて大きなヒントとなるにちがいない。

本書では19世紀から現代まで、巨万の富を築いた実業家15人にスポットライトを当て、事業を成功へと導いたそれぞれの哲学や考え方を取り上げた。

登場する15人の実業家に共通するキーワードは三つある。「合理的発想」と「消費者ニーズ」、それに「企業理念」である。

合理的発想という視点からは、黎明期のアメリカ経済に繁栄をもたらしたジョン・D・ロックフェラーやアンドリュー・カーネギーなどを取り上げた。誰もが徹底した合理的な考え方で成功を収めている。

「石油王」とも呼ばれたジョン・D・ロックフェラーは、石油に高い収益性と将来性を求めてベンチャー企業を設立すると石油精製業界に新規参入し、鉄道を味方につけることで物流コストの合理化を進め、商品価格を徹底的に引き下げてライバルとの価格競争に打ち勝っている。

また、「鉄鋼王」のアンドリュー・カーネギーは、火災で焼け落ちた鉄道の木の橋を見て、鉄の時代の到来を直感する。「ささいなこと」から多くの発想を得た彼はそこから鉄橋製造会社を設立すると、鉄鋼業界に入り鉄鋼事業の拡大でひとり勝ちするのである。

あくまで「客」の視点に立つ

消費者ニーズという二つめのキーワードからは、企業が商品の開発や販売を成功させるためには消費者の立場で考えることが大切なことを教えてくれる。

味にこだわることでファストフードに新たな可能性を見出したレイ・A・クロックは、ハンバーガー・チェーンのマクドナルドを始めた。ハンバーガーの調理方法や接客方法を均一化することで、ファストフードに「品質」や「サービス」、そして「清潔」を実現し、顧客の絶大な支持を得た。

やはり同じように味にこだわりフライドチキンで大成功したのが、カーネル・サンダースだ。

最初の店はガソリンスタンドの隅の物置小屋を改造した小さなものだったが、常に消費者の立場に立って味を追求していた彼は、ついにフライドチキンの調理法を完成させ、ケンタッキーフライドチキンをFC（フランチャイズチェーン）化することで大実業家になっている。

宿泊客の立場でホテルの質を考えたのがヒルトンホテルの創業者、コンラッド・N・ヒルトンだ。彼はホテルで無駄になっているスペースを巧みに活かし、顧客に喜ばれるサービスを次々に生み出すと、さらに既存のホテルを買収してホテルのチェーン展開を始めた。

消費者ニーズの重要性は「食・住」の世界だけにとどまらない。

流通業ではウォルマートの創業者、サム・ウォルトンが顧客を満足させるために二つの経営革新を行って巨万の富を築く。小規模な小売店が大型の量販店に成長するためには「ライバルのいない立地」、「企業文化」の二つの要素が欠かせないことだった。この発想で、ウォルマートはそれまで誰も手がけなかった流通業のイノベーションを行い、田舎のちっぽけなバラエティショップをアメリカ最大の量販店にまで育て上げるのである。

さらに世の中にさまざまな商品が満ちあふれ、衣・食・住ともに満足するようになると消費者ニーズも変わってくる。「より良いものをより安く買える」のが当たり前の世の中では商品だけでは消費者は満足しなくなるのだ。

このニーズにいち早く気がついたのがナイキの創業者、フィル・ナイトだった。彼は商品の背景に物語を創る〝ブランド戦略〟でこれまでにない付加価値を創造する。彼は開発したスポーツシューズを一流スポーツ選手に履いてもらうと、選手の活躍がそのままナイキのブランド物語になるように演出してみせるのだ。

誰のため、何のために働くか

次のキーワードとなるのは企業理念だ。企業の目的はたしかに「利潤の追求」である。しかし、ただ儲かればいいのではなく、社会に貢献することが求められている。この一見当たり前のようでいて実はもっとも大切なことで事業を大成功させた実業家もいる。

彼らに共通していえることは「何のための企業なのか」、また「何のために働くのか」という企業理念を常に持っていることだった。

ＩＢＭのトーマス・Ｊ・ワトソン父子が掲げたのは「最善の顧客サービス」と「個人の

尊重」だった。ただ、同じ企業理念を持ちながらも父子はまったく違うやり方でＩＢＭを世界屈指のコンピューターメーカーに育て上げるのだ。

また、「手を伸ばせばどこでも買うことができる」という企業理念で清涼飲料をアメリカ文化の代名詞にまで高めたのが、コカ・コーラのロバート・Ｗ・ウッドラフだった。

彼は第２次世界大戦が起きると、どの戦地にいても本国と同じように兵士が５セントでコカ・コーラを買えるようにし、コーラがやがて兵器と同じように軍事物資としての扱いを受けると、コカ・コーラをアメリカ最大の清涼飲料メーカーにのし上げるのである。

そして「セールスこそは事業の最前線」と語ったのは、電球メーカーをエレクトロニクスメーカーのフィリップス社へと育て上げた創業者のアントン・フィリップスだ。

彼はプライベートで旅行する時も必ず自社の商品を持ち歩き、常に「商品を知ってもらう」ことを心がけていた。このセールスへの情熱がのちに事業を大成功へと導いていく。

最後に忘れてはならないのが、高度なテクノロジーで事業を成功させた創業者だろう。消費者が必要とすることを技術で解決する豊かな発想と、実現不可能に見える問題を真正面から捉えて努力する姿勢には多くの教訓が残されている。

たとえば、タイヤメーカーとして有名なミシュランがそうだ。同社は兄のアンドレ・ミシュランと弟のエドワール・ミシュランが小さな町工場からスタートさせた会社だったが、サイクリストがパンクしたタイヤを持ち込んだことをきっかけに、新しいタイヤの開発を思いつき、ミシュランを世界のタイヤメーカーに育て上げるのだ。

また、高級乗用車の代名詞ともなっているメルセデスベンツの産みの親となったカール・ベンツとゴットリープ・ダイムラーは馬車に代わってガソリン自動車の時代が来ることを予見し、それまでのエンジン理論をもとに画期的なエンジンを生み出した。


ここに登場する15人は誰もが強運の持ち主であったかもしれないが、それは柔軟でなおかつ常識に捕らわれない発想とアイデア、さらにそれを実現するための行動力によってつかみ取ったものだ。言い換えるなら運がいいだけでは「成功者」にはなれないのである。

古代ローマ時代の歴史家の言葉とされる「歴史は繰り返す」は現代でも広く知られているが、まさにその言葉どおり新しいテクノロジーによって新しい段階に入った現代は、第2次産業が栄えた20世紀初頭と同じように新しい産業が生まれる時代だろう。

本書が取り上げた大実業家は誰もが激動の時代を起業家として生きた人たちだ。彼らの残した足跡は、21世紀を生きるビジネスマンにとって大きなヒントになるにちがいない。

1 つまらないことこそ神からの贈り物

アンドリュー・カーネギー（1835〜1919）
スコットランドに生まれ、1848年に家族とともにアメリカに移住。鉄鋼業で財を成し、「鉄鋼王」と呼ばれる。引退後は、教育や文化など、社会・慈善事業に尽力。

「木」の終焉から「鉄の時代」を予見する

先進工業国の基幹産業として現代社会になくてはならない「鉄鋼」。その巨大なマーケットにいち早く目をつけた人物がいる。世界の鉄鋼王と称されるアンドリュー・カーネギーがその人だ。鉄道会社に勤務していた彼が**「鉄」の時代の到来を敏速に察知した**のはいたって身近なきっかけだった。

当時、鉄道のレールは壊れやすい木もしくは鋳鉄でできていた。しかも、橋もまた木で造られていたために脱線事故が頻繁に起きていたのである。

そんな状況下で木製の橋が焼け落ち、鉄道が数日間にわたり不通になる事故に遭遇する。

「木製の橋の時代は近いうちに終わりを告げる」

この時、カーネギーは直感した。そして、それと前後して自分が勤務する鉄道会社の工場で小さな鉄の橋が製造されているのを見て鉄の時代の到来がすぐそこにまで迫っていると感じとったのだ。

とはいえ、南北戦争真っ只中のアメリカでは鉄は決定的に欠乏していてどうにもできない。だが、戦争が終わって景気が回復していけば必ずビジネスチャンスに結びつく、と考えていたのである。

その頃、鉄道会社に勤務していたカーネギーは寝台車の製造に目をつけて、会社の上司に話を持ちかける。そして寝台車商会を創業させ、自分はそこの大株主になるのである。

長旅をするのに窮屈な椅子で寝起きするしかなかった当時、この寝台車は大成功を収め、寝台車商会からの配当金は鉄道会社から得る給料の何倍にもなっていた。また彼は、石油会社への投資でも巨額の利益を得ていくのだ。

南北戦争が終了した時のカーネギーの動きはすばやかった。彼はこれらの投資から得た資金をもとに、今度はレールを造る会社を組織し成功を収める。そしてさらに鉄橋を造る橋梁製作所を設立して、この会社でも大きな利益を生み出していく。こうして世界を支える「鉄鋼業」への第一歩が踏み出されたのである。

必要なのは勇気

貧しい移民の子としてアメリカに移住したところから、やがて不動の地位と巨万の富を手に入れたカーネギーの人生はよく、もっとも典型的なアメリカン・ドリームだといわれるが、これは単に運に恵まれて実現したものではない。

与えられた好機を逃がすことなく捉え、その時の状況を瞬時に判断して実行する。このことの積み重ねがカーネギーを大きな成功へと導いていった。木製の橋の事故から鉄の時代の到来を読み取ったのもその一例だろう。

また、カーネギーがペンシルベニア鉄道の社員だった頃のエピソードからもそのことはよくわかる。

上司である管区長のトマス・A・スコットが不在の際に、汽車の脱線事故が起きた。前述したように当時の汽車の脱線は珍しいことではなかったが、現在と違って事故がいったん起こると鉄道は全線がストップしてしまう。そのうえ、事故車の処理やダイヤの復旧などは管区長しか指令を出すことはできなかったのである。

ここでカーネギーは**一か八かの勝負に打って出る**。日本では考えられないことだが、上司であるスコットの名前を勝手に使って次々に指示を送り、全線のダイヤをみごとに復旧させてしまったのだ。

カーネギーは普段からスコットの指令を見聞きしていたため、事故が起きた場合の処理もよく把握していた。問題はスコットの存在を無視して指令を勝手に出したということだった。

ようするに、**職務規定を堂々と破った**のである。万が一の場合は免職もあり得るし、最悪のケースでは被告として法廷に立たなければならないかもしれない。

ところが、カーネギーは何一つ咎《とが》められることはなかった。それどころか、これを機にスコットの信頼をみごとに獲得したのである。

こうしてカーネギーはスコットの片腕として欠かせない人材となっていき、のちにスコットが副社長にまで昇進すると、カーネギーはかつてのスコットの役職である西部管区長を23歳の若さで引き継ぐことになる。

カーネギー自身、この時のことを**「死ぬか生きるかの運命の分かれ道」**だと述懐している。それは極めて危険な賭けだったが、あの時、カーネギーが目の前のできごとに見て見ぬふりをしていたらただの補佐で一生を終えていたかもしれない。

自伝の中でカーネギーはこう口述している。

「少年は自分の仕事の領域を越えて上司の目にとまるような大きなことをやるべきだ」

もちろん無謀な賭けであってはならないのだが、**「ここぞ！」という時には自分のキャパシティを超える勇気がなければ大きな飛躍にはつながらない**ということだろう。

「つまらないこと」をチャンスに変える

カーネギーはまた成功の秘訣の一つに「些細なことを『つまらないこと』で簡単に片づけてしまってはいけない」ということを挙げている。彼の言う些細なことを「つまらないこと」で終わらせないとはどういうことだろうか。

たとえば、まだ10代前半の少年だったカーネギーが工場の簿記係から市の電信局の電報配達人へ転職した時がそうだ。

電信局で求人があると聞いたカーネギーはすぐこの話に飛びついている。

彼の父は息子を単なる一電報配達人で終わらせたくないと転職に反対したが、父の心配をよそにカーネギーは転職を強硬に実行する。電報配達人になれば配達をとおして市のあらゆる情報をいち早く知ることができ、市の有力者と顔見知りになることもできると考えていたのだ。

父にとっては取るに足らない転職話もカーネギーにとっては一世一代の出世のチャンスだったのである。

彼は電信局勤務時代に当時はまだ珍しかった電信技手の技術を習得し、さらに取引先にコネクションをつくっていく。そして実際にそのかっ達な仕事ぶりが認められてペンシルベニア鉄道会社に引き抜かれるのだ。

転職を小さなできごととそのままに見過ごしていたらその後のカーネギーはなかった。**些細な情報や訪れた契機を「つまらないこと」と一蹴するか、絶好のチャンスだと判断して自分が有利な方向に持っていくかは本人しだい**だということなのだ。

「どんな小さなことも人間の運命を決定づけてしまう事柄に関わるかもしれないし、**『つまらないこと』の中にこそ神からの贈り物が隠されている**ことがある」

――これは、カーネギーがのちに語った言葉だ。

工場の糸巻き係から簿記係へ昇進し、その後電信局、鉄道会社と渡り歩き、やがて自らの会社を設立して鉄鋼業で世界に知られる企業家にのぼり詰めたカーネギーの一つ一つのステップは「ほんの些細なこと」の連続だったのである。

ライバル企業を調べ上げ、弱点をつく

カーネギーが鉄の世界に参入した頃、鉄鋼業界の世界はイギリスがリードしており、アメリカの銑鉄《せんてつ》生産量はイギリスの半分にも満たなかった。だがそのわずか20年後、アメリカはイギリスの3倍以上の生産量を上げるようになり、製鋼にいたってはカーネギーの会社だけでイギリスの総生産量に迫る量を産出していくことになる。

ここまで急成長を遂げたのは時代の潮流や最新技術の導入などいくつかの要因があるが、カーネギーが徹底したコスト管理を行ったことも忘れてはならない。

まず、出費をどれだけ効率的に抑えるかが重要だった。彼は厳密な原価計算を行い、製造工程を逐一把握して生産過程の無駄をいっさい省いていった。収益は状況に応じて変わるものだが、出費の節約はこれから先ずっとついてまわる問題だと考えたのだ。**長いスパンで見て節約につながることは、一時的に出費があったとしても迷わず実行**したのである。

たとえば、新品の機械を導入してもそれが効率が悪いと判断するとすぐに別の新しい機械に取り替えさせている。

そして次にとりかかったのが、工場をフル操業させることによって実現する安価な価格設定だった。鉄鋼業は固定費が価格の多くを占めているため、生産量を増やせばそれに比例して価格は下げられる。つまり、大量生産による低価格化を実行したのだ。

1880年代の当時、鉄鋼業界はカルテルを結んで価格競争に歯止めをかけていたが、カーネギーはこれを容赦なく打ち破った。カーネギーが事業を開始した当初、鋼鉄のレールは1トン約70ドルだったが、彼は原価計算によりそれより安い価格で受注をとっても十分に利益が出ることを知っていた。

そこで全国にセールスマンを派遣して安価で注文をとり、競合他社を出し抜いて彼らが知らぬ間に大量の受注を獲得してしまうのである。他社の多くは自社の生産管理に無頓《むとん》着《ちゃく》で原価計算も粗雑だったため、どこまで価格を下げられるかさえも把握していなかったのだ。

カーネギーはその弱点をついた。**ライバル企業を徹底的に調べあげると、どこよりも安い価格を提示し競合他社をことごとく駆逐していったのである。**

「よい卵をすべて同じかごに入れてそれを見守ること」

カーネギーがコスト管理に厳しかったことは先に述べたが、では彼のもの造りの姿勢はどうだったのだろうか。

当時はカーネギーの会社以外にも鉄橋製造の会社が続々と設立されていたが、そのほとんどは事業に失敗している。彼らの架けた橋の多くが墜落し、鉄道事故を招いたからである。ところが、カーネギーの会社の橋はビクともしなかった。

それはカーネギーの会社が最良の材料を使い、安全な橋を造るために厳重な検査をしていたためにほかならない。**「最高のものしか造らない」**といった言葉に彼の姿勢がよく表れている。

カーネギーは自分たちの力量が及ばぬ仕事やデザイン的に安全性が不安な橋は、頼まれたとしてもはっきりと断った。そのため彼の会社の鉄橋はまだ鋳鉄製ではあったものの、その頑丈さは折り紙つきだったのである。

橋の耐久性が立証され、その真価がわかるまでにはかなり長い年月を必要とするが、その**安全性が確かなものだと認知され信頼を得た時には、その後の事業は揺らぐことがない**

と彼は信じていた。

激しい価格競争のなかにおいて価格が一番重要であるようにいわれがちだが、そうではなく「事業の成功は何より仕事の質にあるのだ」とカーネギーは語っている。

さらに**成功を収めるためには、一つの分野で卓越し、それに全財産をつぎ込むべき**だとも彼は説いている。

事業を進めていくうちにカーネギーは工業化において重要な役割を果たすのは、何より鉄鋼だと確信していった。そのためできるだけ早く鉄鋼の技術を導入したいと望み、イギリスから最新の製鉄法であるベッセマー式を早々と導入し、本格的な鉄鋼時代へ備えている。

彼はそれまで寝台車をはじめ石油や橋などにも投資を続けてきたが、ここにいたって鉄鋼1本に絞り込み、それまで保有していた各会社の株をすべて売り払った。彼自身、早い時期に鉄鋼だけに従事したことが功を奏した、と語っている。

彼は成功の秘訣を「よい卵をすべて同じかごに入れてそれを見守ること」という言葉で表しているが、その言葉のとおり、誰よりも早く万事を整えて事業が軌道に乗るのを見守ったのだ。

いくつかの鉄鋼関連の会社を傘下に入れ、やがては鉄鉱石の生産も統合。原料、燃料、そして生産とすべてを統合的に行うことによって大量生産を実施し、徹底的なコスト削減を行って低価格競争にも勝っていく――。

実質的にアメリカの鉄鋼業界はカーネギーの独占状態にあったと言っても過言ではなかった。彼の最高のものを造ろうとする姿勢と、一つの分野に全精力を傾けるという信念が、彼を「鉄鋼王」にならしめたと断言してもいい。

成功の基盤には「社会の労働者たちの努力」がある

最後にカーネギーが大成功に至った重要なファクターをもう一つ挙げてみよう。それは人材登用の巧みさである。彼は卓越した人を見る目を持っているうえ、優秀な人材を見つけると適所に抜擢することが非常にうまかったのである。

代表的な例では、カーネギーは**製鋼業者のなかで初めて科学者を登用した**実績を残している。カーネギーが製鋼業に着手した当初、鉄鋼業界は科学者を雇うことに意義を感じず、無駄な出費だと考えていた。

だが、製鋼は科学をもとにしていることを熟知していたカーネギーは、会社にはどうしても科学者が欠かせない人材だと考えていたのだ。そこで業界内で先立って優秀な科学者を高給で迎え入れ、そのことにより業績を飛躍的に伸ばしていく。

科学者を雇ったことで、それまで貧鉱だと思っていた鉱山に良質の鉱石があることがわかったり、また、逆に良いと思っていた鉱石の質が悪いと判明したりした。銑鉄の製造工程でそれまで曖昧だったことが霧が晴れるように理解できるようになっていき、その事実を知らないライバル社に大きな差をつけていったのである。

この例に留まらず、カーネギーは非常に人材を大切にした。彼によって才能を見出され、異例の大抜擢をされた若い人材は後を絶たない。それは工場にいる事務員だったり発送係だったりする場合もあった。なかにはカーネギーに才能を認められたことで事務員から工場の主任、のちに取締役に取りあげられた者もいる。

カーネギーは**若い優秀なパートナーを見つけて育てていくことの重要さを自負していた**し、彼らが才能を開花させ成功していくことで、カーネギー自身もまた、成功を収めることができると知っていたのである。

だが一方で、カーネギーは人間関係において経営者として情に流されない冷静な判断を下すこともあった。

それは青年時代の大恩人であるスコットが事業で失態を演じた際に、彼ときっぱり袂を分っていることにみることができる。カーネギーはこの決断を「一生でもっとも辛いこと」だったと述懐しているが、けっして個人の感情に動かされることはなかった。**私情で動いてビジネスに危険を及ぼすようなことだけは避けた**のである。

やがて巨万の富と名声を手にいれたカーネギーは、66歳の時にJ・P・モルガンに全事業を約5億ドルという巨額で譲渡して引退するが、彼を引退に導いた大きな原因となったのは、工場で起きた大規模なストライキだった。共同経営者側と労働者の双方に死傷者まで出したというこの大惨事は、「人材を大切にする」ことを心掛けていたカーネギーにとって大きな心の傷として残っている。

引退後、彼は図書館や平和施設、カーネギー・ホールのような音楽堂を建設するなど残りの人生を慈善事業に費やし、大慈善家としての名も残している。

「一部の実業家たちの成功は、社会の多くの労働者たちの努力が基盤にある。だから成功した者はその恩を社会に返さなければいけない」

彼の残したこの言葉は、まさに自身の人生を凝縮したかのようである。

2 一時的な儲けか継続的な利益か

レイ・A・クロック（1902〜1984）
マクドナルドの実質的な創業者。さまざまな職業を経て、マクドナルド兄弟との出会いから、ハンバーガーショップ経営に乗り出す。フランチャイズ方式でマクドナルドを世界的企業に飛躍させた。

10年使えるミキサーより、毎日売れるハンバーガーを！

アメリカのロスアンゼルスの中心部から東に80キロメートルほど車で走ったところにサンバーナディーノという住宅街がある。

1940年、ここに1軒の小さなドライブインがオープンする。マックとディックのマクドナルド兄弟が経営するハンバーガー・レストランだ。その名のとおり「マクドナルド」の発祥となるレストランである。

だが、この時は誰ひとりとしてこの店から「世界のマクドナルド」が誕生するとは思いもしなかった。それはマクドナルド兄弟とて同じだった。1950年代半ばのある日、ひとりの人物に出会うまでは……。

男の名はレイ・A・クロック。当時52歳でミルクシェイク用のマルチミキサーの全米販売権を持つセールスマンだった。この中年のセールスマンが地元で評判だった「マクドナルド」を全米に、やがては世界を股にかけるフランチャイズに成長させてしまうのである。

クロックの取引先の中でマクドナルド兄弟の店は以前から興味を引く店だった。通常なら1軒に1〜2台で十分なミキサーをマクドナルド兄弟の店は時には8台も注文することがある。その地域の販売担当者から店の評判を聞いてはいたものの、いったいどのような繁盛店なのか、一度自分の目で確かめてみたいと思っていたのだ。

そうしてわざわざサンバーナディーノまで出向いたクロックはそこで驚くべき光景を目にする。ランチタイムにはまだ少し早い時間なのにもかかわらず、**マクドナルド兄弟の店のカウンターには長蛇の列**ができており、しかも従業員は客の注文をものすごいスピードで右から左へとさばいている。

——その時間は**1人あたりわずか15秒もかからない。猛烈な勢いでハンバーガーやフラ**

イドポテト、そしてミルクシェイクが売れていく。複数のミキサーが必要になる理由は一目瞭然だった。

店内を見学させてもらったクロックはその手法とシステムにさらに驚愕する。マクドナルド兄弟は独自のシステムを開発することによって、調理手順の無駄をいっさい無くしていたのである。しかも店は清潔でハンバーガーの味は言うに及ばず、低価格を実現している。

「これがビジネスにならないわけがない」

そう直感したクロックはこの店を全国に広めたいと直感した。彼らの**店舗が増えれば増えるほどより多くのミキサーを仕入れてもらえる**と算段したからだ。

マクドナルド兄弟にチェーン展開の予定はないのかと聞くと、ちょうど彼らもフランチャイズ化を考え始めているということだった。だが、全国展開をしてくれる代理人が見つからないという。

そこでクロックは気がつく。「一度売ったミキサーは10年間近く使える。その後の買い替えは当分起きない。だが、ハンバーガーは違う。毎日飛ぶように売れていく！」

ならばと、クロックは即座に自らが兄弟の代理人となってフランチャイズを展開したいと申し出た。**先行きが案じられるミキサーの販売よりハンバーガーに将来性を感じた**のだ。

実際、彼の推測は当たっていた。のちにマクドナルドをはじめとする外食産業のミキサーは全自動式のものが中心となり、クロックの販売していた旧式のミキサーは使用されなくなるが、ハンバーガーを売るファストフード店は世界を席巻していくのである。

世界を見据えたスーパーセールスマン

クロックは根っからのセールスマンだった。

20歳の時にリリー・チューリップ・カップ社で紙コップを売るセールスマンとなる。途中ピアノ奏者をめざしたり不動産業に手を出したりした時期もあったがそれでは生活をしていけず、ここで彼は社内きっての敏腕セールスマンとしての腕を存分に発揮していく。

クロックのセールスの手法はただ取引先に出向いて注文を取るだけではなかった。彼は**取引先の売り上げを伸ばす方法を常に研究し、それを先方に提案した**。取引先の売り上げが伸びれば伸びるほど紙コップの受注も増えるからだ。これはマクドナルド兄弟の店の店舗数を増やしてミキサーを拡販しようと考えたのと同じである。

たとえば彼は、得意先のチェーン店が**ランチタイムには満席となり客がさばききれない**

のを知ると、テイクアウトサービスを始めるように提案する。

最初は乗り気でなかった店側もクロックの粘り強い説得に根負けし、一度試してみる。すると上々の結果が出て全店でサービスを実施することになり、クロックの営業成績も格段に伸びるというわけだ。

取引先である**ドライブインなどの立場に立った販売戦略を徹底的に練った**この時の経験が、のちにマクドナルドの経営に着手した際におおいに役立ったのはいうまでもない。クロックは飲食業に携わったことがなかったにもかかわらず、誰よりも外食産業の経営や販売戦略に通じるようになっていたのである。

やがて紙コップ販売の仕事を通じてクロックはある製品に出会う。マルチミキサーだ。得意先の一つであるアイスクリーム屋が5本軸でパワフルなミキサーを使ってミルクシェイクを作り、売り上げを伸ばしていたのだ。

クロックはいつもの彼のセールス手法を用いて、このミキサーを使って紙コップの売り上げを伸ばせないものかと考えた。

だが、思案していくうちにクロックはマルチミキサーを紙コップの拡販の手段として用いるのではなく、**ミキサー自体を販売していこう**という結論に達する。スピーディーで高性能なマルチミキサーにビジネスの可能性を感じたのである。こうしてクロックはマルチミキサーの独占販売権を得て会社を設立し、全国に製品を売り歩いていくのだ。

第2次世界大戦が始まるとミキサーの部品の一部が調達できなくなり一時は廃業寸前まで追い込まれたが、戦争が終了すると状況は一変する。戦後の好景気とクロックの敏腕なセールスが相まって販売数は急速に伸びていった。

この時もクロックはミキサーの売り上げを伸ばすためにさまざまな工夫を凝らしている。マルチミキサーを使って新しいジュースやカクテルの作り方を店側に提案するなどして取引先の売り上げを伸ばしていったのだ。

だが、好調なセールスは数年間で終わりマルチミキサーの販売に陰りが見られるようになる。格安なミキサーを売る競合他社が登場し、さらに市場のニーズが時代の流れとともに変化していったため、**マルチミキサーの需要が減ってきた**のである。

いくら凄腕のセールスマンであるクロックといえどもこれには大苦戦を強いられた。別の商品の開発も考えたが、クロックが「これは売れる」と納得する商品はなかなか見つからない。

クロックがマクドナルド兄弟の店に出会ったのはそんな苦境の最中だった。とうとうマルチミキサーに代わる「これだ！」というものに出会ったクロックは、今度は「マクドナルド」を商品にしてそのみごとな販売手腕を披露していくことになる。

フランチャイズ店が成功すればフランチャイザーも成功する

だが、マクドナルド兄弟の店を全国で展開するための交渉に入ったクロックはさっそく壁にぶつかった。兄弟が提示する契約条件は厳しく、なかでもフランチャイズ料の問題が大きな壁として立ちはだかったのだ。

当時、外食チェーンのフランチャイザー（フランチャイズチェーンの本部）の多くが加盟店に高額な加盟料を要求し、さらに備品なども市場価格よりも高い値段で売って利益を得ていた。

ところが兄弟は、**フランチャイズ料を高く設定することを禁止**したのである。

そのため、クロックは加盟料などで儲けることはできなくなり、各加盟店の売り上げから徴収するわずかなロイヤリティで利益をあげていくよりほかなかった。

しかし、この非常に**不都合な契約をクロックは逆転の発想で成功への足がかりに変えてしまう**。法外な加盟料などでフランチャイジーを圧迫し一時的に儲けたとしても、それは長期的な利益にはつながらないとクロックは考えたのである。それどころかクロックはこう考えた。

「フランチャイズ店が成功すれば、当然フランチャイザーも成功する」

当時の外食フランチャイズ業界にはなかったこの方程式がクロックを成功に導いた。クロックが設立したフランチャイズ販売会社のマクドナルド・システムは、この方法で着実に事業を軌道に乗せていったのである。

加盟料は、当時では破格の950ドルという安さである。そして備品などを卸して儲けることもやめている。

さらに食品納入業者からはリベートを受け取らず、加盟店が少しでも安価に仕入れられるようにし、その納入業者に対してもコストを抑えるためにはどうすれば効率がよくなるのか、さまざまなアイデアを提案したのである。

お気づきのとおり、これはクロックのセールスマン時代の十八番である「取引先を繁盛させることにより自分の利益をあげる」という手法と同じだ。彼は経験からこうすることが、地道ではあるが成功へのもっとも近道であるということを肌で知っていたのだ。

クロックの理論はみごとに的中し、マクドナルドは急速に成長していく。それは**フラン**

チャイズ展開の開始からわずか5年で店舗数が250店を超えるというスピードだった。

「フランチャイジーを繁盛させるためには、彼らに十分な協力をしなければならない」

この彼の公正なビジネスへの姿勢は、クロックを成功させるとともに外食フランチャイズ業界全体のシステムのあり方さえも革新的に変えていったのである。

「成功が証明つきのもの」にサービスを加えて売る

フランチャイズ展開に成功したクロックは、1961年にマクドナルド兄弟から「マクドナルド」の商標を巨額で譲り受けている。それは高い支払いではあったが、兄弟と結んだ契約から解放されるには安い買い物だったかもしれない。

クロックは晴れてマクドナルドを自由にできるようになったが、彼はあえてマクドナルドのシステムに根本的な変更などを加えなかった。

「すでに成功が証明つきのものを使えば、第一歩から他者に先んじることができる」（『マクドナルド―わが豊饒の人材』（ジョン・F・ラブ／ダイヤモンド社）という言葉からもその真意をうかがい知ることができる。マクドナルド兄弟が何年もかかり苦労の末につくり上げた既成のシステムに大きな変更をする必要はないと判断したのだろう。

それよりクロックが労力を割いたのは、品質の向上と全店舗を統一した基準にすることだった。彼がシカゴの郊外に設立した「ハンバーガー大学」がそのいい例である。

クロックは厳密なマニュアルを作成するようにし、各加盟店で一貫したサービスを行うように指導していった。そうした研修プログラムが進化していき、やがて設立されたのがマクドナルドの研修センターである**「ハンバーガー大学」**だ。

フランチャイジーはここで短期間のうちにマクドナルドのシステムを徹底的に教え込まれ、また**Q（品質）、S（サービス）、C（清潔）の重要さを学んで顧客の満足をいかに得るかを習得していく**。そして、カリキュラムを修了した従業員はハンバーガー学の学士を授与されるというユニークな研修制度である。

似たような研修制度は現在、ファストフード業界の多くで実施されているが、これはクロックによって築かれたといっていい。

実際、これらの研修はマクドナルド全体の均一化とサービス全般の向上に大きな貢献をし、続々と有能な店長や経営者を排出していった。

当時急成長し、競合店がひしめきあっていた外食フランチャイズ業界において、マクドナルドが業界の巨人として君臨していくようになった一因はここにもあるのである。

儲けを考えるよりいい仕事をしろ！

徹底したセールスマン街道を歩んできたクロックだったが、金儲けのためだけにマクドナルドを成長させたわけではない。彼は従業員に常に**「金儲けをしようと考えるより、いい仕事をすることを心がけよ」**と話していたという。そうすれば結果は自ずとついてくるというわけだ。

事実、フランチャイズの展開を始めた当初のクロックはかなり苦しい経済状況にあった。だが、彼は短期的に結果が得られる安易な手法は選ばずに地道にフランチャイジーとの関係を築き、品質とサービスの向上に努めていった。

こうした彼の仕事を愛する気持ちは部下やフランチャイズの加盟者に確実に伝わっていく。やがて競合店との過当競争が熾烈になるとクロックはそれまでのメニューに加えて新メニューの開発に着手するが、**ヒットメニューの多くが加盟店から生まれてきた**ことからもそれはわかるだろう。

今やお馴染みのビッグマックやフィレオフィッシュといった商品も、客のニーズを直に感じてリサーチすることのできる加盟店のアイデアから開発されたものだ。ご存知のとおり、これらの商品は客の心を掴んで定番メニューの座を獲得していく。

1968年、このクロックの理念を引き継いだフレッド・ターナーがマクドナルド・コーポレーションの社長となったのちもマクドナルドは他の追随を許さない成長を遂げ、現在では世界115か国に4万1800店以上を展開するグローバルレストランカンパニーになっている。

クロックは**「ハンバーガーのバンズの美しさは一般の人々には理解できないだろう」**と発言したというほど、誰よりもマクドナルドのハンバーガーを愛した人物だった。そして自分が惚れこんだ商品をできるだけ多くの人々に届けたかったのである。

そうした彼の仕事への情熱が何より巨大フランチャイズチェーンの誕生につながったにちがいない。

3 ビジョンに形を与えるということ

ジョン・ワナメーカー（1838～1922）
アメリカの百貨店経営者。政治家。紳士服洋品店を成功させたのち、百貨店のビジネスモデルを確立する。その斬新な広告手法から、「マーケティングの先駆者」と呼ばれる。

百貨店という発明

日本では売り上げの減少や建物の老朽化などもあり、百貨店（デパート）を取り巻く環境は年々厳しくなっているが、百貨店業界のパイオニアとして世界的に広く知られているのが、ペンシルベニア州・フィラデルフィア出身の百貨店経営者、ジョン・ワナメーカーだ。19世紀に活躍した実業家で、百貨店業界に革命をもたらした。

石油王のロックフェラーやホテル王のヒルトンと並んで、**「百貨店王のワナメーカー」**

として日本でもその名は知られているが、そのワナメーカーが**徹底的に追求したのが顧客サービスの向上**だ。彼は客が満足することをいつも最優先に考え、品揃えの充実をはかったり、質の高い商品を仕入れること、そしてそれらを快適な環境のなかで客に提供することに重点を置いたのである。

ワナメーカーが兄弟のN・ブラウンと一緒にフィラデルフィアに最初の紳士物の洋品店「オークホール」を開いたのは23歳の時、1861年のことだ。今から163年も前のことである。その小さな洋品店が50年後には、売り場面積5万4000坪を有し、1万3000人の社員を抱える世界最大の百貨店になったのである。毎日、5万人を超える客が押し寄せたという。

ちなみにその店があったのは、アメリカの初代大統領であるジョージ・ワシントンの家の近くで、1869年には2号店を開いている。さらに1875年には、フィラデルフィアで最初の百貨店といわれている「グランドデポット」というデパートをつくっている。

これは、現代の多くの百貨店や大型ショッピングセンターが、一つの建物や同じ敷地内にいろいろな専門店を集めて集客をしているのと同じやり方で、ワナメーカーはすでにこの時代に〝百貨店〟というスタイルを確立していたことになる。

こうして商売人として成功を収めたワナメーカーは、1896年にはニューヨークに出店し、ロンドンとパリにも続けざまに出店した。

「お客さまは、王様だ！」

「マーケティングにおける先駆者」とか「ビジョンの人」とも称されるワナメーカーだが、彼は**根っからのアイデアマン**だった。実際、新聞に見開き広告を載せた最初の小売業者とされており、商品の固定価格を導入したり、正札での販売を実現している。

また、今では当たり前になっているが、**当時としては画期的ともいえる返金保証制度を初めて採用**した。そういう意味では〝発明家〟なのだ。大きなパイプオルガンを置いていた店もあったというから、その発想力には驚かされるばかりだ。

それだけではない。ジョン・ワナメーカーは広告やマーケティングにも革新的な手法を用いている。客が信頼に足る情報源と感じるように広告媒体を活用したのだ。それは、顧客に正確で興味深い情報を広告を通して提供することで客の信用を勝ち得ようということである。

たとえば、最初の店を開いたフィラデルフィアの街のあちこちに15センチ四方のポスターを貼ったことがある。そこには「W&B」（ワナメーカー&ブラウン・オークホール洋品店）と書いてあるだけだった。そして数日後には、別の（2枚目の）ポスターを貼りつけたのである。

ワナメーカーは**最初の広告でまず、市民に「なんだ、これは?」と好奇心を抱かせ、そして2枚目のポスターで店がオープンすることを告知**したのだ。

今でも電柱や壁などに店の広告を張りつける手法は健在だが、しかし、当時は1800年代である。店には電気も引かれていないうえ、モノを売る店といえば小さな小売店がひしめき合う時代だ。しかも市民らは、「広告」というシロモノにお目にかかるのは初めての経験だった。そんなわけだから、新聞や放送などのメディアを使って広告・宣伝を打とうという人間はまずいない。誰も思いつかないのだ。それを彼は当たり前のようにやってのけている。

「広告費の半分が金の無駄遣いに終わっていることはわかっている。わからないのはどっちの半分が無駄なのかだ」

また、店の屋上にアドバルーンを上げ、そこから風船を飛ばしたりもした。その風船にはこう書いてあった。

「風船をもっていらした方には、紳士服一着を無料で差し上げます」

街中が大騒ぎになったのはいうまでもない。

またワナメーカーは、４ページの月刊誌も発行した。店に来た人や、毎月読みたいという人には郵送もしたりした。ページをめくると自社広告はあるものの、コラムやいろいろなことを書いた記事が満載で読み応えがあった。イラストなどを採用することで〝読者〟の目を楽しませた。

ワナメーカーはウソ偽りのない広告を打って消費者に告知し、自分の店が売り場に並べる商品のメリットを理解してもらえれば必ず売れると確信していた。**過去の古い習慣や広告戦略にけっして縛られることはなかった**のである。

自分を船長にたとえる

ワナメーカーは、さまざまな方面からのイノベーションも積極的に行った。新たな商品やサービスの提供の開発に毎日心血を注ぎ、百貨店をより多様な商品や体験の場に変えていったのは前述したとおりだ。しかし、それらを実践するのはほかならぬ従業員たちである。ここでは、彼らに対する厚遇にも触れておきたい。

これも現代の企業としては当然のことだが、彼は従業員の教育やトレーニングに力を入れるとともに、保養施設などの福利厚生を充実させた。さらに、企業年金や会社が得た利益の分配といったことにも目配りした。経営者としてのリーダーシップもさることながら、従業員が成長し、満足して働けるような労働環境の充実に積極的に取り組んだのだ。

社員は私の大切な家族である、と公言してやまないワナメーカーは自分を船長にたとえることがあった。

「私は5万人を超える船員たちを乗船させた船の船長として、休む間もなく風や波の起こる海を航海しているので、ほんの少しの間も祈りを休むことはできません」

彼はこの言葉通り、有言実行を貫いている。

たとえば半年以上、仕事をした従業員には有給休暇を与えている。福利厚生の草分けといってもいい制度だ。夏期には、土日の休みのほかに2週間も休めるというのだ。

おまけに〝夏休み〟に利用できるようにと大西洋にある島に2万坪の土地を買い、そこに保養施設までつくっている。ほとんどの社員はそんな〝別荘〟で夏を過ごしたことがないから、戸惑いながらも十分休暇をエンジョイしたことだろう。

しかもワナメーカーは、引退した社員のために30万坪の土地を購入した。そこに建てられた施設では、多くの社員が老後を楽しんだという。彼は後日、**「休みをあげられてうれしい、これで私のビジネスの半分は成功したと言っていい」**と述懐している。

ワナメーカーならではの習慣

ジョン・ワナメーカーは「顧客に正直である」「顧客の気持ちに寄り添う」という点を重視した。

顧客をもっとも重要な存在とし、経営の根幹においてこれを反映させている。そこには、百貨店の成功の一因となったいくつかの習慣がある。

まず、彼は**朝型人間**だったということ。朝早く起きて庭を散歩したり、森の中を歩いては鳥がさえずるのを自分の耳で聞き、リスやウサギが間近に走るのを見て神様の創造の摂理を体で感じとったりした。早朝のすがすがしい時間のなかでその日のプランを綿密に立て、社員の誰よりも早く出勤した。

彼の生まれた家はけっして裕福ではなかった。父親は早くに亡くなっているが、そのことに引け目を感じたり、誰かを羨むことはなかった。常に前を向いて何でも「できる」と肯定的にとらえ、生きてきた。

そんな貧しい家庭環境に育ったからだろうか、**何をするにも徹底的に節約して貯蓄をすることを忘れなかった**。オークホール洋品店を開いた時にも借金はせず、それまでこつこつ貯めた資金を元手にしている。

また、大の読書好きで、15歳の時から**1日2時間以上は読書をする**ことを心がけていたといい、時と場所を選ばず、仕事の合間にさえ読みふけった。

時間を無駄にせず、効率的に使うワナメーカーならではの習慣もある。それは、メモをすることだ。いつも小さな手帳をポケットの中に入れて持ち歩き、**ふと湧いたアイデアやひらめきなどをその場でメモをした**。寝る時にはベッドの枕元にもメモ用紙を置いておき、思い浮かんだことを紙に書き留めた。

商売と社会奉仕の間

ここまで商人としてのジョン・ワナメーカーに触れてきたが、彼は政治家と宗教指導者という顔も持つ。1889年に当時のハリソン大統領から任命され、郵政長官に任命されたのだ。

彼は全国にある6万7000か所の郵便局と15万人の職員を率いて、それまで百貨店経営で培ったポリシーとノウハウをさっそく注ぎ込んだ。今度は、郵便局の改革に挑んだのである。

そしてまず手掛けたのが、**地方の辺境地にまで郵便物が届くようにした**ことだ。

当時、辺鄙《へんぴ》なところに住む人は、街にある郵便局にわざわざ足を運んで自分あての郵便物を受け取らなければならなかった。そこで、どんなところにも郵便を届けるのが公共サービスの大切な役目だと政府に働きかけ、それまでのやり方を変えて郵便物を届けるようにしたのである。

そのほかには、小包郵便を新たに設けたり、貯金制度もつくった。後者の実現には時間がかかったが、この制度がスタートすると人々がこぞって貯金をするようになり、結果的に政府はその〝郵便局の財源〟を政策に活かすことができた。

まさに「お客さまは、王様だ！」を郵便事業でも実践したのである。

またワナメーカーは、コロンブスの４００周年を記念する切手を発行しているが、品質が高過ぎたことでかえってメディアの不評をかったり、郵便集配人のユニフォームを変えようとした時には、その発注をめぐって訴訟を起こされたりもしている。

この時に放った言葉かどうかは不明だが、彼は、

「困難なことは頭からするな、非常に成功の邪魔になる、という人がいる。しかし、けっしてそうではない。人間というものは、困難なことに遭えば遭うほど、ますます新しい力が出てくるものだ」

と、ピンチはチャンスになり得るということを語っている。

アメリカの郵政改革を成し遂げたワナメーカーは、ＹＭＣＡ（キリスト教青年会）の会長職にも就いている。

彼は**幼いころから聖書に親しみ、キリスト教徒として社会奉仕活動に積極的だった**。それまで築き上げた自分の財産を活用し、また、その影響力を使ってＹＭＣＡのための資金調達を行っている。東京や韓国、インドなど世界中にＹＭＣＡ会館を建設したりもした。

ここでもまた、彼はＹＭＣＡをとおして地域社会に貢献し、単なるチャリティにとどまらず、社会全体の改善をめざした。「誠実な商売」と「社会奉仕」をみごとに両立させたのだ。

ＹＭＣＡに限らず、ワナメーカーはアメリカの社会福祉活動にも大きな影響を与えた。

そして、百貨店業界のパイオニアとして今もなお百貨店業界に影響を与え続けている。

4 「利益」は動機ではない

アントン・フィリップス（1874〜1951）
父と兄が創業した電球製造会社フィリップス社（オランダ）の経営に加わる。その優れた営業手腕で業績不振からの立て直しに成功。ヨーロッパ最大の総合電機メーカーの礎を築く。

「ビジネスはスポーツだ」

たいした苦労をすることもなく巨万の富をつかんだ成功者は、まずいないと言っていい。その地位に辿り着くまでには、さまざまな困難や挫折があって当たり前である。ただ、そういう人たちの多くはけっしてそれを「苦労」だとは表現していない。

オランダの名門企業にして世界有数の総合電機メーカー「ロイヤル・フィリップス・エレクトロニクス」の開拓者であるアントン・フィリップスも例外ではない。

アントン・フィリップスは同社を世界にも通用する会社に成長させた、ヨーロッパ随一の実業家である。アントンの父はもともとオランダのザルトボンメルで煙草の取引やガス事業で会社を興していた。長男のジェラルドが工学の道に進み、炭素フィラメントの大量生産方法を考案したことで、ジェラルドは父とともに主に白熱電球を売る会社をドメル川沿いにある工業都市のアイントホーフェンに設立した。1891年のことである。フィリップス家の末っ子だったアントンが、父と兄が経営する会社に加わるようになったのは彼が20歳の頃だった。

その頃のフィリップス社は、豊富な商売経験を持つ父と優秀な技術者である兄によって順調に進むかにみえていたが、彼らは業界が置かれている状況を把握していなかった。そのため**創業から3年間赤字続きで、会社を維持できないほどの危機に陥ってしまった**のである。

ロンドンで株式仲買業に従事していたアントンがアイントホーフェンに呼び戻された理由は、いうまでもなく父と兄の会社の経営の建て直しだった。

しかし、この決断は父と兄にとっては不安を拭いきれない賭けでもあった。やんちゃな幼少期に数々の武勇伝を持つアントンは、年を重ねるごとに音楽や芸術、スポーツ、そして事業と、あらゆるものに興味を示す好奇心旺盛な若者に成長していたが、成人したばかりでまだ血気盛んな末っ子が果たしてまともな戦力になるだろうか――。彼らがそう思うのも無理はなかった。

しかし、当のアントンは傾いた父親と兄の会社を再建するという冒険的な要素に強く心を惹かれた。そして、周囲の不安をよそに驚くべき成果を次々とあげることになる。

以降アントンがしばしば口にしたのが、**「ビジネスはスポーツだ」**という言葉である。次々とのしかかってくる障害に克己《こっき》心で立ち向かう。この騎士にも通じる勇気やエネルギーで得られるのは、ゲームに勝った時のような満足感だ。**「利益」は「動機」ではなく、行為の後に与えられる「報酬」**だと感じていたのである。

当然ビジネスという勝負に勝てば、利益という褒美が待っている。しかし、彼は必ずしもそれをはじめからめざしたのではなかった。むしろ、その過程をエキサイティングに楽しみ、勝利の美酒に酔ったのだろう。そんなアントンは時に体当たりで、またある時は頭脳プレーで会社に利益をもたらしていく。**自らの弱点を分析し、定石を無視した大胆な攻撃を仕掛けたり**もした。もちろん長い人生においては勝利ばかりではなかったが、常に悔いのない全力プレーを貫き通した。現在のフィリップス社の栄光は、まさにアントンがビジネスというスポーツで得た「報酬」なのである。

セールスこそが事業の最前線

経営再建という未知の「スポーツ」で最初にアントンが挑んだのは営業だった。

フィリップス社の最大の弱点といえば、何よりもセールス面の貧弱さだった。したがってアントンは**顧客の信頼を得るために、取引先からの手紙を隅々まで目を通すことから始めた**。そして、どんなに夜遅くなっても必要な場合は返事を書くことを怠らなかった。

しかし、今ある顧客だけでは会社は到底維持できないし、生き残ることすらできない。そこで彼はカバンに自社製品のさまざまな電球を詰め込み国内の都市を訪ね歩き、さらにその足をヨーロッパ各地に伸ばしていった。

結果的にフィリップス社への注文は驚異的に拡大することになるのだが、その理由は二つあった。まず一つは、アントンの人柄である。

生来の楽天主義に加え、アイデアの豊富さや体当たりも辞さない行動力、誰からも愛される気さくな態度、そして率直な物言いなど、セールスマンに必要なすべてを彼は兼ね備えていた。その証拠にアントンは24歳の時、それまで目を向けていたドイツよりも将来性があると判断したロシア市場へ乗り込み、わずか数週間で当時のフィリップス社の年間生産高の50パーセントを売った実績がある。

これは乗り込む前の市場調査や広告宣伝をきっちり行ったことに加え、**お世辞などをいっさい言わず、腹を割って相手と交渉した**ことが功を奏したのだ。しかも、すっかりロシア人の信用を得たアントンは、なんとロシア宮廷の式部官に紹介され、いきなり5万個の電球の注文を取り付けている。これに驚いた本社は「ゼロが一つ多いのではないか?」と最初は信用しなかったが、それを受けたアントンが「間違いなく5万個だ」とわざわざ三か国語で打電したというエピソードも残っている。

そして、もう一つの成功の要因はアントンの営業ポリシーにあった。それは**「すぐれたセールスマンは取引するその時だけでなく、いつも仕事をやろうとしているものだ」**という、彼が残した言葉に集約されている。

家庭にも仕事を持ち込み、休日でもビジネスのことで頭を悩ませる仕事人間にとっては、この言葉が放つ意味を誤解してしまうかもしれないが、アントンが語ったポリシーは、必ずしもプライベートの旅先でも営業活動をしろということではない(実際、アントンにもそういう経験は多くあったのだが……)。

たとえば会社に関わり始めた頃、オランダの北西端にある会社が「電球の委託販売を断る」と言ってきたことがあった。アントンは新しい製品との交換を提案したが、相手は「取引を止めたい」の一点張りだった。食い下がるアントンがひとまず面会を申し込むと、わざと相手はアントンが訪問するには難しい月曜の早朝を指定してきた。しかし、アントンは**前日の日曜日に前泊して相手が指定する時間に先方の会社を訪れ、取引停止を阻止**している。それが相手に示す熱意であり、自分の営業スタイルだと考えたのだろう。いわばフットワークの軽さ、とでも言おうか。あくまで姿勢と意欲の問題なのである。

のちにアントンは**「自分がもっとも嫌うのは『セールスという仕事は俺には向かない。俺にはもっと高級な仕事がやれるのに』と考えている人間だ」**と語っている（『アントン・フィリップス』P・Jバウマン、高橋達男訳／紀伊國屋書店）。

地道な営業活動をけっして軽視しなかったことが、フィリップス初期の発展の要因といっても過言ではない。アントンの言葉でいえば「セールスこそは事業の最前線」なのだ。

自分にもっともふさわしいパートナーを探す

ビジネスでもプライベートでも、良きパートナーを得られるか否かは人生を左右する重要な事柄である。プライベートはともかく、億万長者と呼ばれる人の多くはビジネス面で信頼できるパートナーの存在が不可欠だったはずだ。フィリップス社ではアントンと兄のジェラルドがこの関係にあったといえよう。

この兄弟はフィリップス社の実質の創設者として名を連ねているが、前述のとおり最初にビジネスに携わったのはジェラルドである。

ただジェラルドはビジネスマンというよりは、技術者であり発明家だった。末っ子のアントンとは16も歳の離れた兄であり、少年期から秀才で評判だったという。

アントンがフィリップスを大きく発展させた開拓者なら、ジェラルドはその発展を技術面で支えた功労者である。兄が1922年に引退して弟にいっさいを任せるまで、彼らは二人三脚で市場を席巻し続けた。

ジェラルドは研究施設の設置が会社の利益になると判断し、1914年に最初の研究所を設立している。そして、初期のロングセラーとなる経済的で明るいアルゴン封入電球をはじめ、のちには医療用X線チューブ、ラジオ受信機の真空管など多様化した多くの製品が開発され、アントンがそれらを世に広めた。

兄の専門技術と弟のビジネスセンス——。2人の異なる才能の調和なくしては、フィリ

ップスの今日の姿はあり得なかったのだ。

また、アントンはプライベートでも最良のパートナーを見つけることに成功した。それが妻のアンナである。

2人は24歳と20歳という若さで結婚。ほとんど一目惚れだったことも高い判断能力を持つアントンらしかった。この理知的で才能にあふれた妻は、仕事に燃える夫に全幅の信頼を寄せ、バックアップし続けた。

アンナは家庭内の雑事で夫の仕事を妨げてはいけないと考えていた。だが、その一方でアントンが**仕事で家庭の幸福をけっして犠牲にしない**ということも知っていた。

新婚の頃、アントンはいつも自分が出張で留守がちになるため、そのことをかわいそうに思い、妻を何度か仕事の旅に同行させている。その時もアンナは行く先々で1人でその街の歴史や美術を学び歩き、少なくとも夫の商談のじゃまをしたりはしなかった。

家庭でもアントンは仕事のことや、社員のことを妻や子供たちによく話した。時に**アンナは公平で鋭い指摘もできる良きアドバイザーとなり、豪傑なアントンの精神面でのバランスを保つ重要な役割を果たした**のである。

やがてアンナは会社の女性工員のために裁縫や料理の教室を開くなど、福祉的な事業で会社に貢献するようになった。ちなみに同時期、フィリップス兄弟が当時ではまだ一般化していなかった「福利厚生」に力を入れたことからも、この一族が何よりも労働者を大事にする心を持っていたことをうかがい知ることができる。

ともあれアントンの輝かしい栄光は、自分に欠けているものを持っていた兄と妻という2人の強力なパートナーの存在なくしては語れない。ことに兄とは時には性格の違いからぶつかることもあったようだが、互いに相手を信頼していたからこそ幾多の壁を乗り越えられたにちがいない。アントンの生涯には身内だけでなく旧友や自分の側近など、周囲にもそうした人材が何人か存在したようだ。

どうすれば、そのようなパートナーを得られるか。やはり、それには自分自身が相手から認められ信頼に足る人物であるように努力すること。特にワンマンになりがちな経営者は、これを肝に銘じなくてはならないのではないだろうか。

ためらわず波に乗ること

フィリップス発展期の最初の危機といえば、1914年の第1次世界大戦である。幸いオランダは中立を保ち参戦はしなかったが、周辺国の争いによって経済が混乱し、原料不足が懸念された。国内では石炭不足からガスの供給が滞り、その反動で結果的に電気の需要が増えていたからである。

しかも交戦国であるドイツがアルゴン（アルゴンガス）の輸出を禁止したため、フィリップスの生産ラインは危機に瀕していた。しかし、アントンはすでに自社工場にアルゴン発生装置を設置する準備を始めていたのである。

それでも間もなくして、今度は電球製造に用いるガラスの輸入が難しくなった。これにはアントンもさすがに行き詰まったが、**アルゴンの教訓**を活かし、これからは原料を外部に依存しなくてもすむように自社でまかなうことを提案する。

しかしこれには、ジェラルドが待ったをかけた。いくらなんでも生産的なロスを考えればガラス工場の建設は無謀なアイデアだと言うのだ。

だが、アントンは引き下がらなかった。自らガラス技術に秀でた人材をかき集め、ガラス製造機を取り寄せ、わずか5か月で工場を運転させることに成功したのだ。このおかげで、アイントホーフェンには多くのガラス職人が集まり、１９１６年には1日8万個のガラス球を生産できるようになっていた。

技術的な面では専門外だったアントンだったが、いつの間にかこうした技術的直感も働くようになっていた。**営業と技術、この二つはまったく別の仕事なのではなく、やはり密に関係している**のである。

そして何よりこの時期にアントンを中心としたフィリップスが新たな展開に突き進んだのは、**戦争という非日常の中で生まれた世間の変化を感じとった**からである。

もちろん戦争当事国でないオランダだからこその話だが、とにかく電気の需要が増えているという好機は絶対に逃がさない。ためらわずにその波に乗ることで、フィリップスはまた一つ大きく発展をしていったのである。

「記憶力の良さ」はビジネスにおいて何を意味するか

アントン・フィリップスの生涯で、必ず語られるのは彼の**「記憶力の良さ」**だ。アントンは**ビジネスやプライベートで出会った人間はもちろん、社員の経歴や家族構成、訪れた都市の美味しい店や食べ物、友達の吸うタバコの銘柄など、あらゆることを記憶していた**といわれている。

たとえば、かかりつけの病院で看護師のひとりに「君のお父さんが亡くなられてから、今年で3年だね」などと突然声をかけて励ましてみたり、外国に行った時に親戚の女性に土産を買う場合でも靴や手袋のサイズを覚えていたり、あるいは甥や姪の好むお菓子やおもちゃをちゃんと覚えていたりもした。

思えばそうした彼の才能は創業当時から発揮されていた。

優れた技術者である兄のジェラルドと異なり、アントンは電球に関しては素人同然だった。しかし、彼は短期間のうちにエジソンが発明した炭素フィラメントの製造技術や、フィラメントを炭化する技術、真空のガラス球の中ではなぜフィラメントが酸化しないのかなど、驚異的なスピードで専門知識を身につけ兄を驚かせた。

そしてこの類希な記憶力がもっとも発揮されたのは、やはりセールスである。さまざまな事柄を覚えているということは相手にしてみれば自分への関心度の高さが示されているようで当然悪い気はしない。

また、初期の営業活動でも数多く存在する**販売店の内情や売れ筋商品や在庫数などを把握していたため、タイミングを逃すことなく的確な取引を行うことができた**のである。

ナポレオンやアインシュタインなど、記憶力の良さで知られている偉人は多い。そして、その多くはしばしば「天才」だと称される。それゆえ記憶力は生まれ持った才能だと考えられることになるわけだが、一方で脳を鍛えれば誰でもある程度向上できる能力だともいわれている。
何も周囲が**あっと驚く記憶力が必要なわけではない。だが、その力があればあるほどビジネスチャンスをみすみす逃す確率は低くなる**はずだ。

成功者に共通する資質

1891年、従業員20人からスタートしたフィリップスは、15年後には500人、40年後には1万人という規模を誇る大会社になった。

今では世界各地に拠点を持つ電気機器や関連機器の多国籍企業で、約7万人の社員を擁している。かつては年間24億個以上の白熱電球を生産していたが、現在は医療用画像診断装置などのヘルスケア機器、電動歯ブラシなどの家電製品を主力製品としている。

ちなみに、1997年まで本社の所在地だったオランダのアイントホーフェンは、フィリップスの登場以降、すっかり企業城下町となっており、アントン・フィリップスの銅像も建てられている。

1951年にこの世を去ったアントンは、世界にも通用するこのグローバル・カンパニー「フィリップス」の基盤を築き上げた。

その途中には第2次世界大戦、それによるアメリカへの亡命など、公私にわたって幾多の障壁も立ちはだかったが、常に仕事への意欲を失うことなく前進し続けた。短期間で会社を急成長させた理由を当の本人は過去を振り返りながら**「欠くことができない商売人根性」**と表現したことがある。それには大胆なアイデアや、時代より一歩先行くマーケティングなどの要素も当然含まれるだろうが、企業家・アントンの生涯を見るにつけ思い浮かぶのは、彼は何よりも「**人間が好きだった**のではないか」ということだ。

初期の頃からロシアをはじめ、外国にフィールドを広げられたことも、良きパートナーを得られたことも、記憶力の良いことも、すべては人間に対する彼の関心や愛情から生まれたものだ。どんな商売でも、どんなにシステムが発達しても、古今東西のビジネスの相手は常に人間なのである。

ここに〝オランダ人の企業家精神の体現〟と称えられたアントンが、晩年にラジオで若者に向けて語ったメッセージがある。それを要約して紹介しよう。

「人間の成功、不成功は知識以外のほかのいろいろな要素で決まる。自分の仕事に忠実であること。また、やり遂げる勇気、良心から湧き出る勇気、人々を直視する尊い勇気。そして、現実を想像する力が重要なのである」

5 人生もビジネスも冒険である

リチャード・ブランソン（1950年〜 ）
ヴァージン・グループの創設者。10代での雑誌創刊を皮切りに、レコード会社、航空会社などさまざまな業界に進出。同グループを世界規模の多業種企業に成長させた。

億万長者か犯罪者か

イギリスの「ヴァージン・グループ」といえば世界的に知られた大企業である。だが、その名前から想像するものは人によって異なる。

かつて日本各地にもあった巨大なCDショップを思い出す人もいれば、真っ赤な尾翼が印象的な航空機が思い浮かぶ人もいるはずだ。あるいは、映画館や飲料のパッケージのロゴをイメージする人もいるかもしれない。

実際、ヴァージン・グループが手掛けたジャンルは、音楽、旅行、通信、金融、宇宙までと多岐にわたる。その創始者こそがロンドン生まれの実業家、リチャード・ブランソンである。

彼は10代でビジネスの世界に飛び込んで以来、さまざまな業界に進出し、ヴァージン・グループをイギリスを代表するコングロマリット（多業種企業）に成長させている。英国王室からナイトの称号も授かった、まさに生きるレジェンドでもある。

そんな彼の成功の歩みを紐解くと、原点である幼少期へとたどり着く。父は弁護士で、母はキャビンアテンダントであり、両親は**子供時代から彼にチャレンジスピリットを植えつけていた**。

4歳の頃だった。母は家から数キロ離れた場所でブランソン少年を車から降ろし、草原を歩いて自宅まで戻るチャレンジを課した。また同時期には、10シリングをご褒美に2週間で水泳を習得させている。

しかも12歳の頃には、80キロメートルも離れた親戚の家まで自転車で行かせたりもした。冒険心に溢れる両親のポリシーは、そのままブランソンに受け継がれたのである。

進学先でも彼は、**規則は破られるためにある**とばかりにひとりで学校に変革を求め続け、学校経営でさえ「自分のほうがうまくやれる」と考えていたという。

16歳で学校を中退する時、校長が語った彼の未来は**「億万長者になるか、犯罪者になるか」**だった。すでに周囲の大人にそう思わせるビジネスの嗅覚と、破天荒にも思えるアイデアが培われていたのである。

誰もやっていないことをやる

ブランソンのビジネスのスタートは「音楽」だが、そのきっかけは彼が10代で創刊した『スチューデント』という雑誌にある。

当時、世界ではベトナム戦争が勃発しており、そうした世の中のできごとに対する若者の声を発信するための雑誌という位置づけだった。

だが、安定した売り上げを得るのは厳しく、そこで、その収益をまかなうためにレコードの通信販売を思いついた。

試しにスチューデントに広告を載せるとそれなりの反応があった。だが、郵便局のストライキなどで通信販売という手法には限界があったため、ほどなくしてレコードを販売する実店舗の開業を果たした。

その勢いに乗ったまま、今度は販売だけにとどまらず「ヴァージン・レコード」を立ち上げた。そして、あの**セックス・ピストルズとの契約にこぎつけた**ことで、新進気鋭のアーティストを輩出するレコードレーベルとして広く認知されたのである。

特に若い頃のブランソンのビジネスにおける手腕は相当荒っぽかったようで、バンドのプロモーションをめぐって警察沙汰になったりもしている。だが、その根底にあったのは**「ほかの人がやらないことをやる」**という思考だろう。

たとえばセックス・ピストルズは当時、反体制の歌詞と過激な言動で大手メディアが敬遠する業界の問題児だった。

だが、ブランソンはその**悪評を逆手に取った**。世間は禁止されているものほど欲求が深まる。つまり、テレビやラジオ、ほかのレコード会社が彼らを締め出せば締め出すほど売り上げは望めると踏んだ。

リスクをいとわないブランソンの行動力は、この先のあらゆる場面で発揮されることになる。

その後、ヴァージン・レコードはカルチャークラブなどメジャー路線のアーティストも数多く輩出した。もともとのレコードショップも「ヴァージン・メガストア」として日本を含む各国に展開したのである。

ワクワクする仕事かどうか

ヴァージンという会社は、何か一つの商品をつくったり、サービスを提供する会社ではない。多角的にさまざまな事業を手掛け、ヴァージンのブランドで展開している。

なかでももっとも有名なものの一つといえば、1984年に誕生した航空会社「ヴァージン・アトランティック」だろう。

たった一機のボーイング747をロンドン〜ニューヨーク間で飛ばしたことに始まり、やがてブリティッシュ・エアウェイズと並ぶ長距離輸送国際航空会社にまで成長させている。さらにニューヨーク、ボストン、香港など、世界各地への路線を開き、成田〜ロンドン間の日本路線も就航した。

ヴァージン・アトランティックは、今でいう**LCC（格安航空会社）に近い考え方で誕生したエアライン**だ。機材効率を上げ、人件費を節約するなどしてコストを削減。そのぶん割安感のある運賃で評判を呼んだのである。

参入後はブリティッシュ・エアウェイズとの激しい競争もあったが、**従来の航空会社と**

は一線を画すコンセプトが評価され、「エアライン・オブ・ザ・イヤー」など多くの賞を受賞している。

ブランソンは人に会ったら30秒で相手がどういう人かを判断し、新たなビジネスの話についても、**ワクワクするものかどうかを30秒でジャッジする**、と決めているという。

とはいえ、社内では「ドクター・イエス」と呼ばれるほどの男である。**だいたいのことはノーとは言わず、「まずやってみよう」**となるのが通例だ。

航空業界に参入する時は、ビジネスパートナーたちの猛反対にあったが、彼は「資金はある。きっと面白い」という理由で押し通した。

そうはいっても、決断の裏ではしっかりとリスクを考慮し、そのうえで勝算を見出している。既存の航空会社を買収するのと違って、**ゼロから始めることでダメだったらさっさと撤退できる**という利点もあった。

ダメならやり直せばいい――。この思い切りの良さと単純明快な思考が強みとなって新たな道を切り開いてきたのである。

その思い切りの良さが発揮されたのは、1992年である。

彼はヴァージンの名を世に広め、確固たる地位を築いた音楽部門をすべてEMIに売却した。

すでに傘下に小さな会社をいくつも抱えていたヴァージン・グループだったが、ブランソンは常に俯瞰的に世の中の動きをとらえ、再編成を繰り返しながら時代を進んでいったのである。

逆境が切り開いた人生

多くの成功を収めたブランソンだが、逆に、失敗する時もまた豪快である。その代表的な例がコーラ市場への参入だ。

コカ・コーラとペプシコーラという業界の二大巨頭に果敢にチャレンジしたものの惨敗を喫している。それでもブランソンに後悔はなかったという。

大きな相手に戦いを挑むのは、人生における彼の重要なモチベーションの一つだが、もちろん必ずしもうまくいくとは限らない。彼の一番の失敗はこの「ヴァージン・コーラ」だと自他ともに認識されている。

経営者なら余計なリスクは負わないものだが、**「やってみて、失敗から学ぶ」というのがブランソンのスタイル**であり、**どんな結果になってもポジティブにとらえられる**のが彼の強みなのだ。

この失敗を恐れないチャレンジ精神は、いかにして身につけたか。

それを考える時、両親の教え以外に欠かせない要因がある。それは、彼自身が**幼少期から「ディスレクシア（失読症）」に悩まされていた**という事実だ。当時はまだ学習障害に対する理解は進んでおらず、実際、授業についていくのは大変だったようで、それが早々に学校を中退した理由の一つでもある。

だが一方で、ディスレクシアがなければ学校をやめることもなかったし、若くしてビジネスを立ち上げて成功しようとも思わなかったと振り返っている。

父のような弁護士にはなれない。数字も読み書きも不得意である。だが、その代わりに突飛なアイデアを出したり、仲間に仕事を振るのが得意になった。

実際、ブランソンという起業家は**適材適所の人材を見つけ、彼らを信頼し、そしてまとめあげる**というやり方で成功してきた。

自分の弱点を強みに変える――。これが起業家としても、人間としてもタフになれた要因の一つなのだ。

冒険心から生まれるもの

ビジネスで数々の冒険とチャレンジを繰り返してきたブランソンだが、リアルな冒険家としての一面もある。

ヴァージン・アトランティックを就航させた頃、**ボートでの大西洋最速横断の世界記録に挑戦**しているが、失敗して途中で救助されるという結末に終わっている（のちに成功している）。また、**熱気球での地球一周にも3度チャレンジ**したが、成功をつかむことはできなかった。

ほかにもマッターホルンの登頂に挑戦したり、カイトサーフィンでイギリス海峡を横断したりと、そのバイタリティたるや恐るべしである。

公私にわたって陸、空、海を制してきたブランソンが、最終的にたどり着いたのが宇宙である。

ヴァージン・アトランティックの立ち上げの頃、頭の中にすでに宇宙事業への構想はあったが、「ヴァージン・ギャラクティック」を設立したのは2004年のことだ。

ここで彼は民間初の宇宙への有人飛行を実現し、ブランソン自身もまた自社開発のロケットでの宇宙旅行を実現した。**「誰もやらないこと」「ワクワクすること」「自分が楽しむ」**

といった彼のポリシーの集大成ともいえるだろう。

ただし、ヴァージン・ギャラクティックから分社し、人工衛星の打ち上げを行うために設立した**「ヴァージン・オービット」が2023年に経営破綻**するなど、近年になってもチャレンジと失敗を繰り返しているのは、実にブランソンらしいといえるだろう。

彼は自分で何かを発明するわけではないし、金儲けのために算盤をはじくことに重きを置くこともない。**信頼する従業員に大きな権限を持たせ、自分はモチベーターとして存在する。**これこそがブランソン流のビジネス論であり、成功哲学なのである。

「ヴァージン」という社名は、「ビジネスにおいてまだ足を踏み入れていない」という意味を込めてつけられた。

創業者であるブランソンのこの冒険心こそが、ヴァージン・グループというメガカンパニーを創り上げたのだ。

6 枠組みを壊して仕組みを創る

サム・ウォルトン（1918〜1992）
ウォルマート創業者。1962年に第一号店をオープン。ITの導入で経営の効率化をはかるとともに、多店舗化を推し進め、世界最大級の小売業となった。

タブーをタブーとしない

アメリカ最大規模の小売業「ウォルマート」を一代で築き上げたのが創業者のサム・ウォルトンだ。彼が常々口にしていたのは**「成功には特別の法則はない」**という台詞だった。

彼はその言葉どおり、それまでの小売業の法則や常識をことごとく疑ってかかり、それらを破壊しては新しい価値観を創造している。それでもあえて彼の成功の法則をひと言で言うならば、それは**「いつでも消費者が喜ぶことだけを考えていた」**ということに尽きるだろう。

ウォルトンは27歳の時に家族とともにアーカンソー州のニューポートという片田舎でフランチャイズのバラエティショップを始める。この時から「どうすれば顧客に喜んでもらえるか」ということを人一倍考えるようになった。それがこれまで商慣習のタブーとして誰も手をつけていなかったディスカウントショップへと発展していくのである。

ウォルトンが小売店の経営に天性の才能を発揮し始めるのは店を始めてすぐだった。人口が7000人しかいないニューポートの街には、彼の店以外にもう一店大きなバラエティショップがあり繁盛していた。バラエティショップとは衣料品から日用雑貨、それに食料品まで扱う店のことで、商品の種類が豊富なほうが当然有利だった。

そこでウォルトンは、売り場面積が小さくても繁盛店にする方法を考えた。**商品を少しでも安く売ることで対抗しようとした**のである。

ただフランチャイズの店というのは、まったくの初心者でも加盟金さえ払えばすぐに店の経営ができるようなシステムになっている。仕入先も原則的に決まっており、自ずと販売価格もどの店も同じになるようになっていた。

そこでただちに仕入先を見直すと、少しでも安い商品を並べるようにした。さらに**集客**

力を増すためにポップコーンやアイスクリームの機械を店頭に設置すると、店を訪れた人が格安で食べられるようなサービスも始めた。

こうして彼のアイデアはすぐに実を結び、わずか5年の間にアーカンソー州のフランチャイズの中でもっとも売り上げる店にまで成長するのである。

ところがウォルトンは、店の賃貸契約を結び忘れるという思わぬミスを犯していた。このためバラエティショップの繁盛ぶりに目をつけた大家がウォルトンの店を乗っ取ってしまい、彼の**最初の5年間はすべて水の泡**となってしまう。

しかし小売店の経営に自信を深めていたウォルトンは悲観することなく、その年の夏には再び新しい店を始めた。そして彼はさらに新しいアイデアを取り込むと再び店を急成長させることになる。

不良品は〝特価品〟になる

ウォルトンが次に始めた店は同じアーカンソー州のベントンビルで、前のニューポートよりさらにひなびた街だった。

ここで再スタートを切ったウォルトンは**「セルフサービス」という方式を店に取り入れ**

る。彼はミネソタのバラエティショップが「新しい売り方をして成功している」という噂を聞きつけると、夜行バスに飛び乗り現地まで確かめに行くのである。

今でこそ客が買い物カゴやカートに商品を入れてレジで一括精算する方式は当たり前になったが、当時、これはセルフ方式と呼ばれる画期的な方法だった。

なにより店員をレジに集中させて配置すればいいだけだから、人件費が抑えられ、そのぶん、商品の値段を安く抑えられるメリットがある。

ウォルトンはこれまで以上に仕入れについて考えを巡らせ、少しでも安く仕入れられる問屋を毎日のように回っては安く売れる商品をかき集めただけでなく、メーカーが不良品にしているものにも目をつけた。

たとえばメーカーが何らかの理由で製造を打ち切ってしまったため在庫を処分しなければならなくなったものや、あるいは不揃いになってしまった製品である。ウォルトンはこれらを仕入れると**「特価品」**にした。

不良品といっても商品として利用できないような欠陥があれば別だが、**〝不良〟というのはメーカーが言っているだけで消費者からみれば普通の商品とあまり変わらなかった**。この特価品は集客に大きく貢献し、店を訪れた客はほかの商品も買って帰るため十分に店の利益につながったのである。

瞬く間にウォルトンのバラエティショップは、ベントンビルでもっとも売り上げを上げる店に成長していた。これを境に彼は店を多店舗化させる経営に乗り出すが、出店先を探し出す方法もいかにも彼らしいものだった。

「あなたはスピード狂だからやめなさい」という身内の説得も振り切って、彼は**中古の自家用飛行機を購入**してしまうのだ。そして自ら操縦桿を握ると空からアーカンソー州の街という街を見て回り、出店に適した場所を見つけると彼はそのまま近くに着陸して所有者から土地を借りてしまうのである。

「大」より「小」を選ぶ

ところで、**出店先に選んだ場所はどこも都会から離れた小さな街**だった。常識から考えれば顧客の多い都会で商売をするほうがより多くの商品を売ることができるように思うのだが、彼はその常識を否定していた。これこそがウォルマートでも引き継がれた彼の経営戦略だったのである。

なぜ小さな街がいいのだろうか。たしかに人口は都市部に比べて少ないかもしれないが、ウォルトンがめざしたディスカウントショップは経費を削ってギリギリまで値段を下げるため、もしライバルのディスカウントショップが登場して互いに値引き合戦となったら店の経営が持たなくなる。このため、大手の小売業が出店しそうにもないようなところをあえて選んだのである。

また、**小さな街なら競争相手になるような店が少ない**から、一度来店した客が「品揃えが充実していて、安く買える」と思えば再度訪れるようになる。つまり、**都会に比べてリピーターを見込みやすい**利点があった。

さらに、会社の「社会性」が出しやすいこともあった。

どういうことかというと、ウォルトンは最初に店を持ったニューポートの時代から地域活動に積極的に参加し、地元のロータリークラブや商工会議所の会長なども務めている。多店舗化するうえで自分の店が地域に根づいているイメージを創り出したかったのである。

たしかに地域に密着することを考えているだけに、出店した時のオープニングは相当派手だったようだ。ウォルトン自身が**「自分にはプロモーター的な才能がある」**と語っているように、自分でも楽しんでいたのかもしれない。

風船を配ったりスイカを山のように並べたり、あるいは子供たちをポニーに乗せてみたりと、まるでお祭り騒ぎのようだった。

お客の期待を超える

最初は片田舎のバラエティショップから始めたウォルトンの店も15年後には15店舗に増えていた。平均すれば年に1店舗のペースでオープンした計算になるが、この頃から彼には新しい野心が芽生えていた。すでにディスカウントショップは都市部を中心に新しい店が誕生しており、彼は「今こそ飛躍の時期だ」と考えていたようだ。いよいよ彼は大型ディスカウントショップの計画に取り組むのである。

バラエティショップの激安商品は薄利多売が原則であるから、1店から上がる利益は売り上げに対してそれほど多くない。より多店舗で展開して売り上げを高めないと儲かる商売にはなりにくかった。

そこでウォルトンは「売り上げを上げられるように、**商品構成をさらに増やした大型のディスカウントショップを展開するほうがより効率的**」だと考えるようになる。

ディスカウントショップの時代が始まったといっても、まだ資本力のないウォルトンにとって新しい店舗を増やすのは大変だった。**商品の価格を抑えるために建物や設備には極**

力投資を制限したのである。

たとえば**ウォルマートの2号店はコカ・コーラの元工場をそのまま店舗にした**もので、「床はコンクリートが剥き出しになり、照明は天井から吊り下げられていた」というから、当時としてはおよそ小売店らしからぬ店だったようだ。

店舗にお金をかけないぶん、商品の価格を安くした。ウォルトン自身のモットーに「顧客の期待を超えなさい」というのがあるが、彼は商品をいくら安く仕入れようとも、**かたくなに利益率を仕入れ価格の30パーセントに抑えている。**

普通、小売店はたとえ激安価格の商品でも利益が少しでも多く出せるように工夫するものだ。しかしウォルトンはそうではなかった。

彼は原価に近い商品を仕入れた際、社員が30パーセント以上の利益が出るように値付けしているのを知るとすぐに止めさせた。社員はその値段でもライバル店より十分に安いと主張したが、ウォルトンは**「私たちが得な買い物をした時には、お客さんにも得な買い物をしてもらいなさい」**と答えたという。

そこまで価格にこだわった理由は、彼が**1ドルの価値を知っていた**からかもしれない。

子供の頃のウォルトンは新聞配達と牛乳の販売で家計を助けていたことも知られており、

けっして恵まれた環境で育てられたわけではなかった。それだけにお金の苦労を痛いほど知っていたのだろう。

また、彼はただ商品を売るだけではなく、非常に熱心な小売店の研究家でもあった。家族旅行の際には噂で耳にした小売店の視察を目的地の一つに盛り込んでおり、時には家族とは別行動をとってでも実際にその店を訪れ、自分の目で人気の秘密を確かめている。

目をつけたコンピューター

経営に自信を深めたウォルトンはウォルマートの多店舗化に拍車をかけた。ライバルが進出しそうにない田舎街を中心に、月1店舗からしだいに週1店舗のペースに加速して店の数を増やしていったのである。

ところが、**店の数が増えれば増えるほど頭の痛い問題**があった。それは在庫の管理である。ディスカウントショップの命は商品を仕入れてから販売するまで、いかにその期間を短くするかということだった。

売れるよりも多く仕入れ過ぎれば在庫を抱える日数が増え、逆に少なければ儲けのチャンスを逃がすことになる。ところが売れる商品は店ごとに異なり、日によっても変わるから適正な在庫管理は至難のワザだった。

そこでウォルトンが目をつけたのが、**コンピューターで在庫管理をする**方法だった。コンピューターで商品の流れを把握すれば現在どの商品があって、どの商品が不足しているかを瞬時に把握することができる。この時、彼が考えていたのが**「ジャスト・イン・タイム」**だ。

ジャスト・イン・タイムとはすべての商品をコンピューターで管理し、レジカウンターで売れたものをすべてコンピューターが把握し、在庫がなくなりそうになると自動的に発注するような仕組みである。

さっそくウォルマートでは**バーコードを全商品につけるとカウンターのキャッシュレジスターで商品情報を読み込み、全店舗を統括する在庫のコンピューターに送るシステムを開発**した。当時、ここまでディスカウントショップの経営を考えて実行した経営者はもちろん皆無だった。

ただ、投資額も巨額だった。最初は電話回線を使ってデータを送受信していたが、すぐに容量がオーバーしてして回線がパンクしてしまい、衛星通信の回線まで導入するようになるのである。その後もコンピューターのデータベースは拡大を続け、一時期は国防総省に次ぐほどの規模にまでなったという。

利益を従業員とともに分かち合う

ウォルトンが事業を成功させたのは、ただ商品を安く仕入れて大量に販売できたからではない。全社員が一丸となってウォルマートのために働いたことが一番の理由だろう。わずか十数年で田舎のバラエティショップを世界のウォルマートにまで育て上げたことで、ウォルトンは超人的な経営者となった。

彼は「利益を従業員とともに分かち合うこと」をモットーとしていた。ただ、そうはいっても利益をそのまま給与の形で分配したのでは人件費の増加につながりかねない。ディスカウントショップの原則は経費の節減であるから、別の形での利益の分配が求められていた。そこでウォルトンは**ウォルマートの株を社員に分けることで利益を分配する**ことにした。

この時期ウォルマートの売り上げは10年で10倍に伸びているから、株をもらった社員はトラックの運転手から店のマネージャーまで、かなりの蓄財ができたはずだ。

彼は優秀な人材を探すことにも努力を惜しまなかった。特に店のマネージャーを選ぶ際には力を注いでいる。彼は**原則的に大卒の人間を雇わず高卒者を積極的に採用しているの**だ。

これは高卒のほうがウォルマートの教育を受け入れやすいと考えたためで、新人はウォルトンの下ですべてを教わりながら一流のマネージャーに育っていく。

また、人を見る目に自分流の考えを持っているウォルトンは、**マネージャーの面接試験などにおいては応募者に奥さんの同伴を求めた**。彼は妻の選び方で応募者の性格がわかると考えており、それにマネージャーの仕事には妻の協力が必要不可欠だったこともあるからだ。

夫の仕事が理解できないような妻を持っていてはウォルマートの仕事は務まらないこともある、とウォルトンは考えていたのだ。

こうしてウォルトンはアメリカを代表する大富豪になったが、ビジネス誌の長者番付に載っても気さくで人懐こい性格は変わらなかった。彼は**小型のトラックを愛用し、投資家よりも店を訪れた客の愛犬とふれ合う時間を大事にした**という。

7 ブランドの背景に物語あり

フィル・ナイト（1938〜　）
ナイキ創業者。スタンフォードビジネススクール卒業。1968年にナイキを設立すると、シューズの技術革新を重ねて時流に乗り、世界トップクラスのスポーツメーカーとなった。

はじまりは授業で書いたレポートだった

事業で成功を収めた経営者に共通することの一つにカリスマ性がある。スポーツシューズのナイキを創業し、現在も名誉会長として会社に関わり続けているフィル・ナイトは、まさにこのカリスマ経営者と呼ぶにふさわしい人物だろう。

ただ彼の場合、20世紀の多くのカリスマ経営者とは趣が異なっている。彼は消費者に企業の社会性を訴えたり、社員に社会の模範となることを求めず、逆に**自分が反体制的な**

〝不良〟を演じてみせることで企業を急成長させ、社員の求心力となっているのである。

フィル・ナイトがスポーツシューズメーカーを経営しようと思い立ったのは、彼がスタンフォード大学のビジネススクールの授業で提出したレポートがきっかけだったという。そのレポートのテーマは起業に関するもので、大学の陸上選手でもあった彼は最先端の陸上用シューズの開発で起業することを書いている。

おそらく、それまでも彼の頭の中には漠然としたイメージがあったのだろう。それが**レポートを書くことでより具体的なイメージとして像を結んだ**にちがいない。彼は「レポートを書き上げた時、はっきりと自分は起業家になろうと意識した」と、のちのインタビューで答えている。

彼がスポーツシューズメーカーを起業した時に掲げた目標は**「打倒アディダス」**だった。当時のアメリカで陸上用シューズといえばドイツ製のアディダスがもっとも人気が高かったが、当時、価格の割に陸上選手の満足度は低かったのである。

日本でシューズを作るという発想

フィル・ナイトはスポーツシューズのメーカーをめざしたが、最初から自分で工場を持つことは考えていなかった。彼にとって資金をかき集めて工場を作りそこから開発を始めるという手順は、まどろっこしかったにちがいない。

頭の中には知り合いの報道カメラマンたちが議論していた言葉があった。それは**「価格の安い日本製のカメラは、伝統のあるドイツ製のカメラを抜くことができるか」**という内容だった。

つまりフィル・ナイトは、日本で高性能の陸上用シューズを作れないかと考えていたのである。

そこで彼は日本のスポーツシューズメーカーのオニツカ（現アシックス）を訪ね、ブルーリボンスポーツの社長だと名乗るとアメリカでの共同販売を持ちかけた。

もちろんブルーリボンスポーツなどという会社は実在せず、彼の頭の中だけにしかなかった。企業家になりたい気持ちが先行したといえばそうなのかもしれないが、ようするに**〝ハッタリ〟をかましたの**である。

商談が思いのほかうまく運ぶと、帰国したフィル・ナイトは慌てて知り合いの著名なコーチで「ランニングにとりつかれている男」と評判のバウワーマンとブルーリボンスポーツ社を設立し、アメリカでオニツカの販売を開始する。

バウワーマンの陸上用のシューズにかける息ごみには気迫があった。彼は選手が１マイル（１６０９メートル）走る間に何回地面を蹴るのかを計算し、１オンス（約28グラム）軽くできれば１レースあたり５５０ポンド（１ポンド＝約４５４グラム）の割合で足の負担を和らげることまで研究していた。

彼らは実際に陸上の**ランナーにシューズを履かせ、つま先の固さなど小さな部分に至るまで徹底的に選手の意見を取り入れる**ことで開発を行い、しだいに理想的な陸上用のシューズに近づけていったのである。

ただオニツカとの関係はすぐにうまくいかなくなった。フィル・ナイトは自分が開発したかったし、オニツカが製造する製品に満足せず、一方のオニツカといえば巨大なアメリカ市場への参入にほとんど無名のブルーリボンスポーツと組むことに不安を持っていた。

結果的に両社はアメリカでの共同販売を取りやめてしまうことになる。

「物語性」という付加価値

いくら優れた製品を作ってもそれが必ずしも売れるとは限らない。その製品を消費者が知らなければ店頭で手に取ることも少ないだろうし、むしろ消費者はテレビや雑誌で宣伝をしている製品のほうを選んで買ってしまう。

会社を始めたばかりのフィル・ナイトには広告宣伝に経費をかけられるほど資金的にゆとりはなかった。だからといって彼は消費者が優れたシューズに気がついてくれて売れるまで待つということもしなかった。

実は、彼は広告宣伝についてもう一歩先を見ていた。それは**ブランドに〝物語性〟という新たな付加価値をつける**ことでナイキの熱狂的なファンをつくることだった。

それまでブランドというと「信頼のブランド」とか「安心のブランド」といわれるように製品の品質を保証する性格があったが、フィル・ナイトの発想はまったく違っていた。彼はスポーツ選手にナイキのスポーツシューズを履いてもらうことで、ブランドをアピールしたのである。

しかも、スポーツ選手の人選もユニークだった。まず、活躍する分野でトップクラスの選手であることはもちろんだが、**一番の選択基準はその選手が〝反体制的〟な人間であり、どちらかというと一匹狼的な雰囲気を持っていること**だった。

こうすることで、ナイキのスポーツシューズは「体制に流されず、自分の力だけを信じる選手が履くもの」というブランドイメージを創り出そうとした。

おそらくこういうメッセージに多くの大人たちは顔をしかめるだろうが、逆に若者には支持される。フィル・ナイトが販売のターゲットとしていたのは、実はこの若者たちだったのである。

アスリート界の「アウトロー」との契約

最初にナイキのスポーツシューズを履いたのはトップアスリートのスティーブ・プリフォンテンだった。彼はアメリカを代表する陸上競技の選手で、ミュンヘンオリンピックでも期待の星だったのだが、スポーツにアマチュア精神を求めるＡＡＵ（全米運動競技連盟）とことごとく衝突し、アスリート界のアウトロー的な立場になっていた。

プリフォンテンの主張は、**「なぜ選手は過度に負担のかかる練習費をすべて自前でまかなわなければならないのか」**ということだった。今では当たりまえのことになっていることだが、ＡＡＵはアマチュア選手が第三者から資金援助を受けることを認めなかったのである。

フィル・ナイトはこの彼の反骨精神が気に入ると、大っぴらに資金援助の契約をした。この時、フィル・ナイトが資金援助の見返りとして求めたのが、ナイキのロゴマークの入ったスポーツシューズとウエアを競技の時に着用することだった。

これを皮切りに彼はメジャーなスポーツの中からテニスやバスケットボールを選び出すと、人気のあるアウトロータイプの選手とことごとくシューズやウエアの着用契約を結んでいくのである。

また、バウワーマンもランニングコーチとして教え子のランナーにナイキの着用を薦めたため、陸上競技やテニスなどで**選手の足もとがテレビカメラでクローズアップされると必ずナイキのロゴマークが映る**ようになった。

こうしてナイキのブランドは契約した選手が活躍したり毒づいたりするたびに必ず若者の目に留まるようになり、「かっこいいブランド」という物語を創り上げていった。

ナイキのスポーツシューズを買う子供たちは、それを履くと選手たちと気持ちが通じ合えるような気分になり、誰もがナイキのスポーツシューズを欲しがるようになった。

形式にこだわる必要はない

アメリカを代表するスポーツシューズメーカーの本拠地というと、たとえば超高層ビルに関連部署が隙間なく入った姿を思い浮かべるかもしれないが、オレゴン州にあるナイキのそれは一見すると大学のキャンパスのように見える。

芝生で覆われた広大な土地に社屋が建てられており、フィル・ナイト自身が「ナイキ・ワールドキャンパス」と呼んでいることからも彼の企業に対する考え方が見えてくるようだ。

そこから伝わってくるメッセージは「形式にこだわらずやるべきことはただ一つ、優れたスポーツシューズを創ろう」ということである。

見方を変えればスポーツが好きな学生たちのキャンパスということになるのだろうが、この進歩的で革新的な企業文化は社員の士気を向上させるには十分だった。ナイキは社員向けにさまざまな社内向けビデオを制作しているが、その中には「会社の仕事についてどう思うか」という内容も含まれている。

そのビデオを見ると、**社員たちはナイキで働くことについて「遊園地にいるようなもの」、「繊細さと興奮の連続」、「工場の中で遊んでいるようなもの」という答えを返している。**社員の平均年齢がほかの大企業と比べて若いということもあるのだろうが、彼らが文字どおり仕事を楽しんでいることが手に取るようにわかるだろう。

フィル・ナイト自身も**仕事中は長髪のジーパン姿で、ヒマになると社員をつかまえては芝生の上でフリスビーに興じていた**というが、これは社員の創造性を引き出すために彼が自由闊達な社風を大切にしていることの表れだろう。

ところでナイキの特徴のひとつに工場を持たないメーカーという考え方がある。普通、メーカーといえば一般的に自社工場を持ち、そこで大量生産をしながらコストダウンの努力を重ね、消費者が求めやすい価格をつくり出すものである。

しかしフィル・ナイトは、冒頭で触れたように自社工場を持とうとはしなかった。製造コストを安く抑えるために人件費の安い東南アジアなどのシューズ工場に生産を委託するほうが、自社工場で製造するよりも合理的だと考えたのである。

国内であろうが海外であろうが一度自社工場を持ってしまえば稼働率とは関係なく一定のコストがかかる。売れ筋の商品が変わったからといってもすぐに製造ラインを倍にしたり、あるいは半減したりと柔軟に対応することが難しいし、従業員の賃金は上がることはあっても下がることはない。しかし、**自社で工場を持たず海外で製造すれば人件費を抑えられるだけでなく、必要に応じて生産量を増やしたり減らしたりすることができる。**

それにメーカーにとってもっとも大切なのは、優れたスポーツシューズの研究開発である。それは工場など持たなくてもできるし、工場で生産される製品の品質管理は製造工程のチェックをきちんとしさえすればなんら問題はなかった。

こうしてフィル・ナイトは、人件費などを基準に東南アジアの国々を選んでは次々に生産拠点を変えていくという新しい製造業のあり方を示してみせたのである。

運を呼び込む実力

成功した実業家に共通するものといえば、運の強さがある。これはフィル・ナイトにも当てはまるが、彼の場合は先見性が強運を呼び込んだといえるのかもしれない。

陸上競技からスポーツ全体にターゲットを広げていたナイキのスポーツシューズにとって**追い風となったのが、1960年代後半から起き始めたジョギングのブーム**である。

当時、ランニングはスポーツ愛好家たちのものだったが、ジョギングは有酸素運動（エアロビクス）と呼ばれる健康のための運動だったため、それまで走ったことのない人たちまでもが健康になろうとスポーツシューズを履いてジョギングをするようになった。そしてこの時に好んで履かれたのがナイキだった。

この時期ナイキは倍々ゲームで売り上げを伸ばしていた。もちろんライバルのスポーツシューズメーカーはあったが、ナイキほどブランド力の強いメーカーはなかった。

さらにフィル・ナイトは産業界全体がキーワードとして取り組み始め、誰もが新しい消費者ニーズに直結すると考えたハイテク（ハイテクノロジー）のブームにも乗った。

それは**ナイキの代名詞ともなった「ナイキ・エア」**の開発だった。ジョギングやランナーの足を保護するためには、走る時に足にかかる地面からの衝撃をいかに吸収するかが求められていた。そこで彼はスポーツシューズの土踏まずのところに「ガス」を閉じこめた小さなポリウレタンの袋を埋め込み、衝撃を吸収しようと考えた。

このナイキ・エアをスポーツシューズのハイテク化としてフィル・ナイトが宣伝すると、爆発的な人気を生んだ。当然ライバルのスポーツシューズメーカーも自社製品の衝撃吸収性を訴えたり、また新たな視点でスポーツシューズを開発するようになり、ナイキのスポーツシューズはその相乗効果のなかで販売量を伸ばしていく。

フィル・ナイトが起業家として最初に掲げた「打倒アディダス」は１９８０年に達成される。オニツカの前でブルーリボンスポーツという架空の会社を名乗ってからわずか16年後のことだった。世界の一流企業であるアディダスのアメリカでのシェアを逆転させたのである。フィル・ナイトはスポーツシューズのメーカーというよりも、ブランドを商品に変えるという価値観を創造することで大きな成功を勝ちとったのである。

8 「個性と結束」に知恵は宿る

アンドレ・ミシュラン（1853〜1931）
エドワール・ミシュラン（1859〜1940）
ミシュラン創業者兄弟。創業（1889年）からまもなく、着脱可能な空気入りタイヤを開発。現在は世界トップクラスのタイヤメーカーに成長。『ミシュランガイド』でも有名。

「盲目は無知から。無知は無関心から。無関心は愚かなり」

フランスに本社を置くミシュラン・グループは、世界に約86か所のタイヤ生産拠点と約45のハイテク素材・生産設備拠点を有し、120以上のブランドを持つ世界最大級のタイヤ産業のリーディング・カンパニーである。世界で初めてラジアルタイヤを製品化したことで知られるが、タイヤ以外にもデジタルサービスやハイテク素材及び医療用機器の開発、『ミシュランガイド』の刊行など、さまざまな事業を展開している。

そのミシュランの本社は、フランスのクレルモン・フェランにある。パリから約400キロメートル南方に位置するオーベルニュ地方の中心都市で、長い歴史を持つ古都としても知られているが、近年では「ミシュランのある街」として紹介されることもしばしばだ。

このクレルモン・フェランは、創業者であるミシュラン兄弟の故郷である。兄のアンドレ・ミシュランと、弟のエドワール・ミシュランによってこの世に「ミシュラン株式会社」が誕生したのは1889年のことだった。それ以前に**一族はゴム産業で小さな会社を経営していた**が、先代がこの世を去るとたちまち経営は悪化し、当時、別の道を歩んでいた兄弟が会社再建のために呼び戻されたのである。

ミシュラン成功の第一のヒントとして、まずは2人がいかにして倒産寸前の会社を再建したかに注目すべきだろう。兄のアンドレはエンジニアリングを学んだ後、パリで鉄骨事業に従事、一方の弟エドワールはやはりパリの美術学校で絵画を学び、芸術家の道を歩んでいる最中であった。およそ家業には興味のなかった2人にとって、自分たちの夢を断念するのは必ずしも本意ではなかった。しかし兄弟は、予想外にもこれを機に経営者としての手腕に目覚めることになる。

初期のミシュラン社の商品は、ホース、パッキン、バルブ、ベルトなど、生活用品としてのゴム製品が主力だったが、そのなかで看板商品と呼べるものが二つあった。一つは子供用のゴムまりで、もう一つがブレーキパッドである。

当時、市場に出回っていたブレーキパッドは鉄製または鋳物製で、ブレーキをかけるたびに耳をつんざくような音が響くのが普通だった。

しかし、ミシュランの製品は繊維とゴムで作られていたため無音だった。「サイレント」と名づけられたこの商品は、唯一ミシュランを存続させる頼みの綱だったといっていい。

最初にクレルモン・フェランに戻ったのは兄のアンドレだった。彼がまず着手したのは**数少ない取引先をいかにして引き止めるか**、この一点だった。

とはいえ、彼に**ゴム産業の知識はまったくない**。鉄鋼建築では優秀なエンジニアとして名を馳せた男でも、**会社再建は未知の領域だった**のだ。この大事業をやり遂げるのにとても1人では無理だと判断したアンドレは、共同経営者として6歳下の弟エドワールを故郷へ呼び、ひとまず彼をミシュランの初代社長に就任させた。

ところが、エドワールは兄以上に家業とは縁遠い世界に身を置いていた人間である。右も左もわからない社長が、まず何をすべきか考える暇もなく彼が出した結論は「現場主義」だった。つまり、**工場で身をもって仕事を覚える**ことだった。

当時、12ヘクタールの工場に従業員は52人。彼は自分が部下のごとく、作業員から学ぶ姿勢を徹底的に貫いた。わからないことは教えてもらうしかない。それには、どんな些細なことでも質問するしかなかったのだ。

しかも、エドワールはそれをいかにして容易に聞き出すかも工夫したという。いくら自分が部下の目線で聞いても、そこには主従関係が見え隠れする。彼は**自分の無知ぶりを包み隠さずさらけ出し、まるで友人に話しかけるような気さくな態度で訊ねる**のが最善だと考えたのである。そこには現場で働く技術者たちへの敬意の気持ちもあっただろう。雇用する側と雇用される側の信頼関係を築くのにこれほど基本的で効果的なことはない。

実際、のちのミシュランの成長過程においてこの**社員同士の信頼感、そして生産技術の観察が大きな基盤になっていった**のも事実だ。

「盲目は無知から。無知は無関心から。無関心は愚かなり」

エドワールはまさにこのポリシーを実践していったのである。

チャレンジするということの本当の意味

会社設立の同年、**1人の自転車乗りがミシュラン社を訪れた**ことでミシュランは大きく変貌していく。

彼は他社製のタイヤを装着した自転車を持ってきて、パンクの修理を依頼しにやってきた。そのタイヤは前年に「布カバー付き空気入りゴムタイヤ」として特許申請されたものだった。

このタイヤはたしかに従来のタイヤよりも乗り心地が良かったが、木製のリムに糊付けされており、取り外しがきかなかった。結局、ミシュラン社ではタイヤ修理に3時間、リムに貼り付ける接着剤の乾燥に一晩を要した。

しかも翌日、好奇心旺盛なエドワールがその自転車で試し乗りに出かけると、なんと100メートルにも満たない距離でタイヤがダメになってしまった。この一件以来、ミシュラン社はタイヤづくりへの道を歩むことになる。

それから2年後、ミシュランは脱着可能でしかも修理時間15分という新タイヤ「デモンターブル」の開発に成功した。

特許を申請し、いよいよ世に売り出す時が来るのだが、ここで兄弟に絶好のチャンスが訪れる。実はその少し前、パリである新聞社が自転車レースの開催準備を進めていたのである。コースは、パリ～ブレスト往復の1200キロメートルという前代未聞の距離だった。

19世紀末のフランスは空前の自転車ブームである。しかし、これだけの距離を走破できる性能をもつ自転車は、当時まだ開発されていなかったといっていい。すなわちこのレースは、自転車の耐久レースであるとともにメーカーの〝機械レース〟でもあったのだ。

このレースに目をつけたミシュラン兄弟は、自転車競技ではすでに知られた存在のシャルル・テロンが乗車する自転車の契約を運良く取りつけた。ところが、驚くことにこの時まだ彼らは新しいタイヤを完成させてはいなかった。実をいうと、**二人の完全なる見切り発車の契約だった**のである。

優勝候補の選手が惨敗すれば、当然ミシュラン社の信用もガタ落ちになる。しかし、レースまでに何としてでも新製品を開発させねばならないという状況は、逆に彼らの情熱を駆り立てた。もちろん期日までにタイヤができても、勝たなくては意味がないこともわかっていた。

天国か、地獄か。大博打のようなスリリングな状況下で、彼らはどうにかレース当日までに「デモンタ―ブル」を完成させた。

この若者たちの決断は、無謀だったのかもしれない。だが、**千載一遇のチャンスをもの**

にするためには、ある程度のリスクを抱えてでも果敢に挑むべき時があるというお手本でもある。

これは想像だが、おそらく彼らにはいい製品を完成させる自信があったにちがいない。そして、納期までに新たなモノを生み出すという危機的状況をむしろ楽しんでいたふしがあるのだ。つまり、**仕事に対する能力と自信、あとは好機を逃さない俊敏な決断力が備われば、大きな飛躍が望める**というわけだ。

「改良か？」「いや革命だ」

初代社長の弟エドワールは、持ち前の好奇心や絵画で培った豊かな感性でミシュランを大きく成長させた実業家として後世に名を残した。

では、一方のアンドレはどうだったか。社長に、兄の自分ではなく弟を就任させた真の意図は今では知る由もないが、たしかにアンドレも別の分野で自らの未知なる才能を開花させることになる。それは自社製品を世に広める力、すなわち「広報力」である。

先の自転車レースは、71時間18分という気の遠くなるような時間で1位選手がゴールした。優勝者はミシュランのタイヤを装着した自転車に乗ったシャルル・テロン。多くの選手が次々と脱落していくなか、彼は堂々と1位のゴールテープを切ったのである。

名声を勝ち得たテロンから真っ先に感謝を受けたのは、いうまでもなくミシュラン兄弟だった。彼が**「優勝できたのはタイヤのおかげ」**とコメントしたのである。

これによりミシュラン社は一躍、名を馳せた。しかし、知名度が上がったのはテロンのコメントがあったからだけではなかった。

記録によるとミシュラン兄弟は、**テロンがゴールする寸前から喝采に沸き返る観衆に自社を宣伝するパンフレットを配り回っていた**という。

というのも、すでにテロンの優勝が見込まれていた前夜、兄のアンドレはミシュラン製タイヤの利点を並べたパンフレットを徹夜で印刷していたのだ。しかも、その文言がユーモアに満ちている。

「7月14日、ラファイエット男爵からバスチーユ陥落の報告を受け、ルイ16世が『それは、暴動だ！』と叫ぶと、『いいえ、陛下、革命でございます』と男爵は答えた。

我が社のタイヤについて、自転車ファンの間でこんなやりとりがされるにちがいない。

『改良か？』『いや、革命だ』」

ちょうどフランス革命100周年を迎えたばかりのパリで、このウィットに富んだコピーが受けないはずがない。

そして、さらにレースを主催した新聞社の日刊紙には、ミシュラン社からのメッセージが大々的に公開された。そこには、レースのおかげでミシュランが新タイヤを開発できたという新聞社への感謝と、また次回は条件を同じにすべく、すべての自転車に取り外しのできるミシュラン・タイヤを装着しての自転車レース開催の提案、そして競技参加者にはミシュラン社に連絡をくれれば競技規定を送付すると締めくくった。

アンドレ主導で行われた、こうした一連の広告展開が大きな成果を上げたのはいうまでもない。さらに、これがのちにミシュランがモータースポーツ競技界でも進出する足がかりにもなった。

ちなみに、この広告は新聞社への敬意を十分に表したため、気を良くした編集長によって無料で掲載されたという。もちろんアンドレはそこまでのメリットを見越したわけではないだろうが、製品をただ闇雲に売るのではなく、**自社のブランドを社会的に意義あるものに即座に結びつけてしまった**兄弟の手腕はみごとといえる。

このミシュラン最初のヒット商品である「デモンターブル」はただちに改良が加えられ、レースから3か月後にはパンク修理の容易さという面では今日の形に近い「デモンターブル2号」が発表された。

この製品はロンドンで行われたショーにも出品され、ブースの横では技術者によって取り外しのデモンストレーションまで行うという、当時としては画期的なPRまで行われた。

ミシュラン初期の発展は弟の実業家としての才覚に加え、兄の類稀なる宣伝能力という強力なタッグなしではあり得なかったのだ。

タイヤに空気を入れるという発想の原点

商売の幅を広げる時、もっとも必要なのが「先見の明」であるとしたら、ミシュラン兄弟はそれにも長けていた。

タイヤ産業に活路を見出したミシュラン兄弟が、次に着目したのは自動車だった。

そもそも自動車とは馬車の発展形で、スタートは〝馬なし馬車〟である。したがって19世紀末の自動車は、原動機などの非力な動力で車体は座席とシャーシ、そして馬車と同じ鉄の車輪で構成されていた。

それでもしばらくすると、生ゴムが開発されたためソリッド・タイヤが登場したが、最高速度はせいぜい10〜20キロメートルで、走れば馬の蹄鉄の音がない代わりに石畳をゴトゴトと削って回るタイヤの音が響くようなありさまだった。

ここで**アンドレがひらめいたのが、自動車における空気入りタイヤの可能性**である。

実はアンドレは、1894年に行われたパリ～ルーアン間のモーターレースに乗客として参加していた。

乗車したのはエンジン付きの乗合自動車だったが、コースの一部に道路補強のための砂利が撒かれており、中が空洞になっていないソリッド・タイヤがそこにはまると抜け出せなくなってしまう様子を目の当たりにした。

「もし、このタイヤに空気が入っていたら――？」

大きな収穫を得たアンドレは、会社に戻りさっそく自動車用空気入りタイヤの開発を提案している。馬車に代わる乗り物として自動車が黎明期を迎えているなか、このチャンスをみすみす逃す手はない。タイヤ生産に関してはすでに独自のノウハウを身につけている。あとは、それをいかに改良して自動車用に仕立て上げるか、であった。

だが当時、世間は空気入りのタイヤがついた自動車が登場することなど夢にも思っていなかった。もっと言えば、自動車そのものを今日にいたるまでの将来性がある乗り物だと見抜いていた人も少なかったという。

誰も思いつかないことを誰よりも先にやってのける。この〝**やった者勝ち**〟**の姿勢は会社の個性にもなり、パイオニアになる近道**でもある。ただし、そこに先見の明が備わっていなければ、会社は逆に大きな損失を被ることにもなる。

そういう意味ではミシュラン兄弟は、空気入りタイヤの成功が必ず自動車の発展につながると確信していたのだろう。

ミシュラン社は翌年、空気入りタイヤを装着したプジョー車でモーターレースに出場した。実に1800キロメートルに及ぶパリ～ボルドー往復レースで、みごと完走。その間に22回のパンクを繰り返したが、その乗り心地は従来の自動車に比べて雲泥の差だった。

やがてミシュラン製の空気入りタイヤを装着した試作車が最高時速100キロメートルを記録した。レース参加からわずか4年後の1899年のことだった。

ちなみに、この**試作車の名前は「ジャメ・コンタン（けっして満足しない）号」**。そのフレーズどおり、ミシュラン兄弟はさらなる向上をめざし、次々と新たなタイヤを開発することになる。

こうして自動車は、ほんの十数年の間に10倍近い速度が出る乗り物になった。空気入りタイヤが自動車に不可欠な存在になったのは、ミシュラン兄弟が挫折することなく探求心を持ち続けた結果なのである。

テスト走行が生んだレストランの格付け

ところでミシュランと聞いて思い浮かぶのは、あのユニークなキャラクター「ビバンダム」ではないだろうか。企業の顔ともいえるこのキャラクターを考案したのも、実は創業者のミシュラン兄弟だったのである。

創業からわずか数年で売り上げを4倍にも伸ばしたミシュランは、すでに268人の従業員を雇う企業に成長していた。

ミシュランはリヨンで開かれた見本市会場にブースを出しており、そこに演出として大小のタイヤを山型に陳列していた。それを見て、元芸術家のエドワールは兄に**「これに腕をつけたら人間になる」**とつぶやいたという。

すっかり営業マン、広報マンとして目覚めていたアンドレはデザイナーと検討し、すぐさま今日のビバンダムを生み出した。

ビバンダムにはラテン語で「空気入りタイヤはすべての障害物を飲み込む」とのキャッチフレーズがつけられた。当時の広告といえばイラストなどはほとんどなく、長々と文字で説明文を載せるのが王道だった。

そんななかで完成したキャラクターはすぐさま世間にお披露目され、「ミシュランといえばビバンダム」という視覚的効果に大きな貢献を果たしたのである。

また、もう一つミシュランの別の顔といえばガイドブックであるが、これも誕生はミシュラン兄弟の時代である。初版の「レッド・ガイド」にはガソリンの補給、修理、宿泊、食事など、ドライバーにとって必要なフランスの情報がまとめられた。これは単に、**兄弟がテスト走行のためにフランス中のあちこちを走り回った結果、おのずと集まってしまったもの**で、あとはこれを形にするだけでよかった。

やがて、ミシュランといえばレストランのオーナーが恐れる格付け本の代名詞となるのだが、当初は無料で仕入れ業者を通じて配布したのがはじまりである。

ビバンダムにしてもガイドブックにしても、注目に値すべきは**「発想の転換」によるユニークな宣伝効果**である。

働くことの本質とは何か

自動車やタイヤの将来性がまだ手探り状態だったなか、しかも倒産寸前の会社の将来を右も左もわからない状態で任された兄弟にまつわるエピソードからは、**産みの苦しみよりもなぜか活き活きと逆境を楽しんでいる**様子しか伝わってこない。

それがたとえ年若く個性的な楽観主義者の彼らだったからこそ成し得たことだったとしても、そこに現代にも通じるヒントを見出すことは難しくない。

135年以上の歴史をもつミシュランは、基本的には子孫が次期社長を継ぐという世襲制の企業だったが、現在ではミッシュラン家のメンバーが経営に携わるほか、プロフェッショナルな経営陣も多く採用されている。

現在では自転車や自家用車に限らず、バイク、トラック、航空機にいたるまで、あらゆる乗り物を足元から支えているほか、ハイテク素材や医療用機器の開発にも進出している。

第2次世界大戦が勃発した時には、クレルモン・フェランの工場が爆撃を受けたり、原材料が調達できず代替原料の入手に奔走したりするなど苦難の時代もないではなかった。

しかしそうした逆風を乗り越え、ミシュランが今日における地位を築いたのは、創業者であるミシュラン兄弟から子孫に受け継がれた「強固な個性と結束」の賜物だろう。

時に大胆に、時に慎重に、時代の流れを先読みしながらミシュランは成長し続けるのである。

9 あえて前に出ないリーダーシップ

アマンシオ・オルテガ（1936年〜　）
スペインのファッション・ブランド「ZARA」を抱えるインディテックス社の創業者。自社で製品開発から流通、販売まで担う方式で低コスト化を実現。世界的なアパレル企業に成長させた。

人気ブランド「ZARA」の生みの親

世界でトップクラスの売り上げを誇る「ZARA」。世界各地に1800以上もの店舗を持ち、今なお成長を続けているいわずと知れたファッションブランドだが、その母体はスペインのインディテックス社である。

創業者のアマンシオ・オルテガは、スペインを代表する富豪でありセレブリティで、国内では知らぬ人はいない。2017年に社長業を退きはしたが、もちろんZARAの躍進はオルテガ抜きには語れない。

オルテガは、１９３６年にスペインのレオンに生まれた。子供の頃はけっして裕福ではなく、彼は義務教育を終えると一家で引っ越したスペイン北西部の街ラ・コルーニャの生地会社で働き始めた。

そこで**下働きしながら学んだのは、縫製などの技術とアパレル業界の知識**だ。そのノウハウを得て、やがて家族みんなで部屋着やガウンを売るビジネスを始めている。

ＺＡＲＡは自社でデザインから生産、販売までを手掛けるファストファッションの先駆けといわれているが、その原点はまさしくこの店にあると言っていいだろう。

その後、１９７５年にラ・コルーニャでＺＡＲＡの1号店をオープンした。1着３０００円もしないセーターなど、自社生産で低コスト化を実現した服は瞬く間に評判を呼び、１９８０年代後半からは世界各地に進出していった。現在ではＺＡＲＡを筆頭に複数のブランドを抱え、オルテガ自身もファッション界の長者番付の常連である。

誰も知らない創業者の顔

だが、その素顔はブランドの知名度とは対照的に謎に満ちている。地元のメディアでさえ長らくインディテックス創業者の顔と声を知る者はいなかった。

というのも、**オルテガは大のメディア嫌いで表舞台に出ることを嫌った**からだ。インディテックスの設立は1985年だが、世間が初めてオルテガの姿を目にしたのは、2001年に会社が株式上場を果たした時のプロフィール写真だったという。

彼が極端に露出を嫌う理由は、「家族や友人、仲間以外には気づかれたくない」という実にシンプルなものだ。**億万長者になってからもボディガードを雇わず、食事も社員食堂でとる。**社長室より作業場を好む気さくな性格だといわれている。

しかも身に着けるスーツは質素で、だいたいがノーネクタイ。そのうえ、**ZARAのものは着ない**というオチまでついている。

ニューヨーク・タイムズのインタビューですらあっさり断ったという彼にまつわるエピソードはさほど多くはない。だが、ZARAの成長をみれば、そこにオルテガのビジネスに対する並外れた嗅覚と哲学があることがわかる。

独自のメソッドは苦い経験がきっかけ

多くを語らない創業者のビジネス哲学を探るにあたっては、彼の言葉を探すよりもZA

RAというブランドを紐解くほうがわかりやすい。

ZARAの一番の特徴は、その桁外れともいえる商品の量だ。

たとえば、店で気になる商品に出会った時、いったん検討して来週また見に来ようなどと考えることはよくある。だが、このパターンだとZARAでは買えない可能性が高い。というのも、週2回という短いスパンで新商品を投入するため、売り場の商品の入れ替わりが激しいからだ。

それまでのアパレル業界は1年前にコレクションをデザインし、3か月程度で生産していた。そして、シーズン前に小売業者が商品を納入するというパターンが一般的だった。

しかしこのやり方は一定の生産量を必要とし、そのうえ売れなければ在庫が残るリスクがある。さらに、あらゆる流通経路でマージンが発生するため、さほど利益は生まれないという課題があった。

だが、ZARAのやり方はまったく異なる。

ZARAでは**トレンドを取り入れた商品を少量ずつ製造する**。それらは国内や隣国のポルトガル、モロッコなどで製造されているため、輸送コストも最低限に抑えられる。さらに、**一貫した自社生産システムを構築しているために、卸売業者を介入させない**のだ。

できあがった商品はいったんスペインに集められ、空輸によって全世界の店舗に48時間以内に届けられる。そうして納品された商品は、素早く売り場に並べられ、余分な在庫は持たない。在庫を抱えないからセールもほぼしない。そのぶん、ほかのアパレルより利益率が上がるというわけだ。

ZARAはこの独自のスタイルで、驚くほどのスピード感と低価格を実現している。ZARAがしばしばファストファッションの代名詞のようにいわれるのは、この確立されたシステムを採用しているからだ。

オルテガがこの方法論に行き着いたきっかけがある。それは、彼が最初に手掛けた衣料品店で、主要取引先から注文品をすべてキャンセルされ、大量の在庫を抱えてしまったという苦い経験だ。

あやうく**倒産寸前にまでなったことで、オルテガは在庫を抱えることの怖さを知った**のである。

そこで、商品を用意してから注文を待つのではなく、**用意できたぶんだけを店頭に並べて売り切る**というやり方にシフトした。この戦略が時代の流れと合致したことで大成功をおさめたのである。

顧客ファーストの精神

ＺＡＲＡは宣伝費に予算をかけないことで知られている。実際、日本でもＺＡＲＡのＣＭや広告はほとんどお目にかかることはない。

その代わり、大都市の大通りやランドマークなど、できるだけ立地のいい場所に出店して道行く人の目に留まらせる。つまり、**広告でお客を呼ぶのではなく、お客の口コミで店に足を運んでもらう**戦略をとっているのだ。

そのため、店舗づくりには資金をかけることを惜しまない。店舗はコーディネートを提案する場所だと位置づけ、気になった商品は誰でも自由に試着できるような売り場づくりがなされている。

ただし、世界に１８００店舗もあると、ＺＡＲＡらしさを出して店舗の統一感をはかるのは難しくなる。そこで**本社内にモデルとなるパイロットストアをつくり、オープンの際にはそれと同じものをデザインする**ようにした。

だから、ＺＡＲＡは世界のどこへ行っても同じような雰囲気を持っている。いつでもお客が安心して、最新のトレンドの服を手に取れるようにしているのだ。

それでもやはり地域ごとの特性やニーズはある。オルテガはそこも意識して、各国の文化や消費傾向、嗜好などを理解することに努めた。当然、日本の店舗では日本人の好みやスタイルを存分に考慮した品揃えになっているはずだ。

オルテガは**「広告で利益を受けるのは企業であって顧客ではない。だからこそ我々は、広告に投資する代わりに商品の質を上げ、価格を下げる」**と語っている。

つまり、あくまでも顧客ファーストであることが最大のポリシーなのである。

最先端の販売法にも着手

オルテガが大切にする**「革新」と「顧客主義」が信条**のZARAは、今や主流のネット販売にもいち早く着手した。取り組みが早かったぶん、世界中の小売店がコロナ禍で苦戦をした時でもネット販売での業績を伸ばしている。

また、オンラインだけでなく、デジタルと組み合わせることで店舗に足を運ばせる仕組みもつくっている。

たとえば、ネットで店舗の商品が陳列されている位置の確認や試着室の予約ができたり、アプリで注文したものを店舗で受け取れるといった仕組みなどである。

さらには専用のARアプリをダウンロードして、ショーウィンドーや店内のセンサーにかざすと、商品を着たファッションモデルが現れるというユニークな試みにもトライした。

その時代に顧客が何を必要としているかを考えて、もっとも最適化したやり方で実現する。言葉で言うのは簡単だが、ほかのアパレルメーカーではなかなかできない。だからこそZARAは、常に世界の注目を集めているのである。

成功者なのに控えめで謙虚

デジタル世代ではないオルテガはITにも強い興味を持っているといわれているが、こうした新時代の戦略は、もちろんその分野に長けた若い従業員たちが構築している。

「会社をつくったのは私だとは書いてほしくない。すべての社員も貢献しているのだから」

数少ないインタビューのなかでオルテガが放った言葉で、彼が従業員のことをいかに信頼しているかがわかる。

また、ZARAのCEOを務めたパブロ・イスラ氏は、オルテガについて**「学歴は物足りないかもしれないが、企業家としての経歴は誰よりも勝る」**とし、**「謙虚さと聞く能力**

という、二つの秀でた長所を持っている」と語っている。

ビジネスでは顧客目線を第一に考え、社長としては従業員の目線を第一に考える。このようなトップの下で働く従業員のモチベーションはおのずと上がるだろう。

成功者ながら控えめで謙虚――。オルテガのこうした人柄に魅了される人は少なくないのである。

ラ・コルーニャの町を愛するオルテガ

2001年、オルテガは慈善活動の一環としてアマンシオ・オルテガ財団を創設した。

おもに医療支援や教育支援を目的としており、過去にはスペイン国内の病院に最新の医療機器の導入費用として日本円で384億円という桁外れの額を寄付したり、外国への留学制度や、幼稚園の建設支援などを積極的に行っている。

家族を愛し、自身が表に出ることをよしとしないオルテガにとって、こうした**誰の身にも降りかかる社会問題を陰で支援する**という行動は、ビジネスへのスタンスとなんら変わりないのだろう。

インディテックスの本社があるのは、オルテガが最初に店舗を開いた創業の地、ラ・コルーニャである。ガリシア州の第2の都市だが、マドリードやバレンシアとは異なり、比較的静かな港町である。

日本でも愛知県の豊田市がトヨタ自動車の城下町などといわれるが、ラ・コルーニャもまた、インディテックスとともにある。

今や本社の従業員は5000人以上に膨らみ、こぢんまりとした街には彼らとその家族が居住している。物流センターを併設する本社の敷地は8万平方メートルとてつもなく広大で、街にはインディテックスが手掛ける全ブランドのショップが存在している。

アパレルという特性上、街にはデザイナーやカメラマンといった職業の人間が集まり、また、さまざまな人種が一緒に働くようになった。地元民をして**「インディテックスはラ・コルーニャのすべてを動かす」**と言わしめるほど影響力があるという。

もちろんオルテガも妻とこの街で暮らし続けており、その愛着は語らずともみてとれる。

オルテガ自身は財団と不動産投資に専念すべく、アパレル事業からは身を引いて久しい。だが、今もインディテックスには彼のポリシーが引き継がれ、さらなる拡大を続けているのだ。

10 こだわりが偶然を呼び、必然となる

ロバート・W・ウッドラフ（1889〜1985）
父が買収したザ・コカ・コーラ・カンパニーに入社後、2代目社長に就任。独特な販売方針とイメージ戦略で世界的なブランドに育て上げた。

自分の作った製品へのゆるぎなき自信

「OK」と「コカ・コーラ」は世界でもっとも多くの人々に知られている英語だという。弱冠33歳で「ザ・コカ・コーラ・カンパニー」の社長になったロバート・W・ウッドラフは、この清涼飲料を世界的なものに育て上げた人物だ。

彼は周到なブランド戦略を行ったが、そのやり方は非常にシンプルなものだった。ウッドラフは最初からコカ・コーラを完成された飲み物だと信じ、生涯を通じてその味を守り通そうとしたのである。

つまり「自分の作り出した商品に対するゆるぎのない自信」、これこそが世界の清涼飲料業界で大成功を収め、巨万の富を築いた男の秘密なのだ。

一般的に飲料メーカーは、常に新商品の開発を考えながら会社の事業計画を立てていく。当然、研究開発には相応の資金が投下されることになるが、ウッドラフのやり方は違っていた。

彼は清涼飲料に新しい味や、買い求めやすい価格を追及するのではなく、**今飲まれている商品の完璧さを消費者に訴えることに全エネルギーを費やした**のだ。

彼が社長に就任してまず手がけたのは品質の向上だった。コカ・コーラはすでにアメリカ全土で親しまれている飲み物だったが、自社工場ですべてが作られているわけではなかった。

ビン詰め工場に製造が委託された地区や、ソーダ・ファウンテン（清涼飲料水を供給するための装置）などでは、コカ・コーラの原液に混ぜるソーダの量が微妙に違うため味がまったく同じというわけではなかった。彼はこれを**アメリカのどこで飲んでも味が均一になる**ように工夫するのだ。

全員に突然の解雇通知

さまざまな場所で作られる商品を均一化するためには「規格化」という方法がある。これは商品に一つの規格をつくり、それを満たすようにすれば誰がどこで作っても同じものができるというものである。

しかし工業製品のように機械で作る商品ならば大きさや重さを数字で規格化するので管理しやすいが、コカ・コーラの場合はそうもいかなかった。

生産を委託するビン詰め工場だけならまだしも、清涼飲料をグラスに入れて店頭販売するソーダ・ファウンテンになると、店ごとにコカ・コーラの原液と炭酸であるソーダを混ぜて客に提供していたため、全国の**ソーダ・ファウンテンの味を均一化するにはそこで働く従業員ひとり一人に正しいコカ・コーラの作り方を指導しなければならなかった**。

工場の機械を相手にするならまだしも、人間を相手に教えるとなると大変な手間をかけなければならない。このために会社が新しく従業員を雇い入れることは新たな経費がかかる。この教育は販売部のセールスマンが行うしかなかった。

ところが、販売部は全国のソーダ・ファウンテンを回ってより多くの注文を取ってくるのが仕事だったため、そう簡単に仕事の内容を切り替えることは難しかった。

この時、ウッドラフが取った方法は奇抜だった。彼はセールスマンを集めると販売部を今日限りで廃止すると言い渡し、全員をその場でクビにしてしまうのである。

彼が販売部を廃止した理由は「コカ・コーラは販売しなくても売れる」という自信と確信からだった。たしかにウッドラフが言うように今や黙っていても売れる商品には違いないかもしれないが、突然の解雇通知に販売部は大きなどよめきに包まれた。

実は、この**どよめきこそがウッドラフの狙い**だったのだ。

「やる気のある者には何か新しい部を考えよう」という彼の言葉を頼って翌日セールスマンたちが会社に来ると、待っていたのは「販売部」の代わりに設置された「サービス部」だった。そこで彼らは全員サービス部の社員として再雇用されるのである。

ウッドラフは**「解雇」と「再雇用」という芝居を演じてみせる**ことで、セールスマンたちに**「今までのセールスのやり方では通用しない」ということを知らしめ、品質を向上させる〝サービス〟という視点から仕事をすることをはっきりと示して見せた**のである。

「あんた、自分の尻なら拭くだろう」

経営者が業績を上げるために頭を悩ますことの一つに社員の意識の向上がある。いくら会社が利益の上がるような価値観をつくっても、**社員ひとり一人の意識が改革されなければそれは絵に描いた餅で終わってしまう**。

そうはいっても昨日までやってきた仕事のやり方を今日から突然変えることは難しい。社員の意識改革とひと口に言ってもそれは大変なことなのである。

ましてや、ザ・コカ・コーラ・カンパニーの場合は、それまで注文を取ることに専念してきたセールスマンが、明日から頭を切り換えて品質向上をさせるための指導を取引先にしなければならない。仮にセールスマンに「業務命令だ」と強く言ってもすぐにはピンとこないだろう。

そこでウッドラフは「解雇」という大きなショックを与えることで彼らの意識を根底から崩し、「再雇用」ということで新たな意識を持って仕事に取り組めるように仕向けたのである。

味の均一化ということでは生産を委託されているコカ・コーラのビン詰め工場も同じだった。特にウッドラフが注意を払ったのが工場の衛生管理で、終業後は毎日設備の清掃を行うように指導した。

この時、ある工場主から異議が申し立てられた。ビン詰め作業が終わってから設備を清掃しても、翌日には再び汚れてしまうからそんなことは経費の無駄使いだというのである。

そのことを聞いたウッドラフは、「あんた、自分の尻なら拭くだろう」と怒鳴りつけたという有名な話もある。

これも品質に対する意識の問題だろう。経営者によってはややもすると低コストで商品を作ることばかりに目がいってしまい、目に見えない部分の手間をできるだけ省こうとする場合がある。

もし品質よりもコストを優先させる考え方が当たり前になってしまうと、品質をよく確かめもしないで販売するようになり、あげくに消費者から苦情がくるとそれを隠してしまうことにもつながりかねない。

すべては商品に対する意識の持ち方なのである。おそらくウッドラフは**「品質は目に見えないところにある」**ということをよく知っていたにちがいない。

ガソリンスタンドさえあれば売れる

ザ・コカ・コーラ・カンパニーが急成長を遂げていく背景には、品質の管理とともに商品イメージを高めたことがあげられる。ウッドラフの宣伝にかける情熱には並々ならぬものがあったのだ。

当時のアメリカは一般の家庭に自動車の普及が始まっており、それに目をつけた彼は幹線道路沿いにつくられる広告スペースを次々に買い占めてはコカ・コーラの宣伝ポスターを張り出した。

さらに、コカ・コーラのロゴマークの入ったナプキンやグラス、カレンダーなどさまざまな販促用のグッズを作っては販売店に置き、**いつでもどこでも日常的に「コカ・コーラ」が消費者の目につくようにした**のである。

そして広告の内容は**「スカッとさわやか」**というキャッチコピーに代表されるように、健康的で奇をてらわないものだった。創業以来の味を変えず、しかも品質の高さを訴えながら、ウッドラフは**アメリカの理想の生活そのものがコカ・コーラのイメージと重なる**ように、ことあるごとに演出してみせたのである。

のちに、これが予想だにしなかった大きな成果へとつながっていく。

コカ・コーラが生活になくてはならない清涼飲料になるにはもう一つの重要なファクターがあった。それは**「手を伸ばせばすぐどこでも買える」ようにする**ことだった。

ウッドラフは売り上げを伸ばすカギはビン入りにあるとにらんでいた。その理由は自動車の普及で持ち運びできるものが売れると思ったのだ。

そこで目をつけたのがガソリンスタンドだった。当時のアメリカは幹線道路網が張り巡らされ、ガソリンスタンドはなくてはならない存在になっていた。新しい清涼飲料の販売ルートとしてガソリンスタンドに注目したのはウッドラフが最初だったといわれている。

こうして街中だけでなく地平線まで見渡せるような原野の中にあってもガソリンスタンドさえあれば、**いつでもどこでも5セントでコカ・コーラを飲むことができる**ようになった。

また、冷蔵庫が家庭で使われ始めたことも見逃さなかった。家庭でも冷たいコカ・コーラが飲めるようになると、ウッドラフはまとめ買いができるように6本入りを1パックにした販売方法を始めた。

「手を伸ばせばすぐどこでも買える」というウッドラフの考え方は一見すると何でもないことのようにも見えるかもしれないが、この考え方で市場を見渡せば必然的に消費者の行動が予測できるようになり、それに合わせて商品のパッケージや販売用クーラーの開発などのアイデアも生まれてくる。

コネの重要性に気づく

コカ・コーラの知名度を瞬く間に上げたウッドラフはマーケティングの天才ともいうことができるだろうが、実は彼はビジネスの世界ではじめからこれほどの手腕を発揮していたわけではない。

実は父親が所有するザ・コカ・コーラ・カンパニーの社長に就任するまでは、ウッドラフとは**清涼飲料についてはまったくの門外漢**だった。それどころか父親のアーネスト・ウッドラフとは深い確執があった。

ウッドラフは1889年にジョージア州コロンバスで生まれている。銀行家だった父親は投資している会社の経営を将来は息子に任せようと思い、スパルタ方式で厳しくしつけようとするが、ウッドラフは成長するにつれてこれに反発するようになった。何をするにしても父親が細かいところにまで口をはさみ、すべて自分の思いどおりに運ぼうとすることが気に入らなかったのである。

ついにウッドラフは**大学を中退すると父親の影響下から逃れるように鋳物工場で肉体労働の職に就き、その後も消火器のセールスマンをはじめ職を転々とする。**彼は働きながら自分の生き方を模索するが、この頃から彼は自分のセールスマンとしての才能に気がつき始めていた。

次に就職したホワイト・モーターズ社ではセールスの才能がついに花開き、説得力のある巧みな話術でトラックを売るセールスマンになるとたちまち成績を伸ばし頭角を現すのである。この時、ウッドラフはコネの大切さについて学んでいる。

ホワイト・モーターズ社の社長が所属する狩猟クラブでのことだ。仲間の経営者たちにトラックのセールスをする社長の姿に彼は啓発を受けるのだ。その後ウッドラフはトラックを訪問販売しながらやみくもに売り歩くのではなく、**決裁権のある人物を調べ上げると営業の矛先を彼らに向けて精力的に販売を行う**ようになった。

彼は当時を振り返り、**「コネのある人の中で友達をつくるほうが、そうではない場合より簡単だ」**と語っている。

そこになくてはならないもの

1919年にウッドラフの父親のアーネストは将来性を見込んでザ・コカ・コーラ・カンパニーを買収するが、この時ウッドラフは自分が近い将来、そこの会社の社長に就任するとは考えもしなかった。

ホワイト・モーターズ社でトラックを売っているウッドラフは辣腕を振るうセールスマンとして自信を深めており、第1次世界大戦では陸軍に志願するとトラックの設計に携わり、軍用トラックの分野で会社に大きな利益をもたらしていた。そして戦争が終わると彼はホワイト・モーターズ社の副社長に迎え入れられ、十分な報酬を得るようになっていた。

ところがそれから数年後、**ホワイト・モーターズ社の次期社長とも目されていたウッドラフはその席を蹴ると**、父親の要請を受け入れてザ・コカ・コーラ・カンパニーの社長に就任する。

父親との確執は依然解消されぬままであったし、報酬もホワイト・モーターズ社と比べて大幅にダウンするにもかかわらず、ウッドラフはコカ・コーラを選んでいるのである。

ウッドラフのその後の行動を見ると、コカ・コーラという飲み物をアメリカの文化にまで高めようとしたようにも思えてくる。もし清涼飲料が文化になればそのブランドは安定的で永続的な支持が受けられ、また、国中の人々に親しまれるため誰からも批判されることなく会社は高収益を上げられるからだ。

彼が億万長者の道を歩むようになれたのは商品の力だけではなく、**コカ・コーラがアメリカの日常生活のなかで「そこになくてはならないもの」というイメージをつくり上げた**

ことによるものなのだ。

なぜ「こだわり」が必要なのか

ウッドラフが一貫して取り続けてきたコカ・コーラの販売方針と、イメージ戦略がみごとな成果となって表れたのが第2次世界大戦だった。

それはコカ・コーラを製造するうえで必要不可欠な砂糖が配給制になって手に入りにくくなるという会社の危機から始まった。戦争が拡大すると大量に砂糖を使用するコカ・コーラは十分な生産ができなくなる危険性がでてきたのである。

しかし、ウッドラフはこのピンチをチャンスに代えるのだ。

「兵士は飲み物としてビールとコカ・コーラを欲しがっている」という情報を入手していたウッドラフは、愛国心にも後押しされ**「どの戦地でも兵士が本国と同じように5セントでコカ・コーラを買えるようにしろ」**という指示を出す。そしてコカ・コーラを配給制の対象外となる軍需物資にするように政府や軍に働きかけたのである。

これに援助の手を差し伸べたのは意外な人物だった。それはアメリカ軍の総指揮をとるアイゼンハワー将軍だった。アイゼンハワーは兵士の士気を高めるために、**飲むことで故**

郷を思い出すコカ・コーラが戦争に必要だと考えていた。

母国から遠く離れた戦地で戦闘を続けなければならない兵士にとって、いったい自分が何を守るために戦っているのかを思い出させてくれる効果があると考えたのだ。

もっとも、アイゼンハワー自身もコカ・コーラが好きだった。戦後の凱旋パレードの新聞記事にはこんなエピソードも掲載されている。

アイゼンハワーは「何か欲しいものはありませんか」と尋ねられると、「コークが欲しい」と答え、それを受け取るとその場で飲み干してしまい、「もう一つ頼みがある」と言った。相手が「何でしょうか」と尋ねたら**「コークをもう1本」**と言ったのである。

もしウッドラフが過去にコカ・コーラの味を変えたり、あるいは日常生活の一部に溶け込むような広告宣伝を行わなかったら、これほどまで親しんで飲まれるようにはならなかったのかもしれない。

いうまでもなくコカ・コーラは清涼飲料である。自動車や鉄道のように生活に利便性を与えてくれるわけでもないし、石油や鉄鋼のように国の基幹産業でもない。

しかし国民に愛され必要不可欠な存在となったのは、**「どこにでもある商品」に頑固にこだわった**ことかもしれない。

11 売った後から仕事は始まる

トーマス・J・ワトソン（1874～1956）
トーマス・J・ワトソン・ジュニア（1914～1993）
IBMを世界的企業に育てた父子。父はパンチ式カード計算機でIBMの名を世に知らしめ、子はコンピュータ開発を成功させたことで、同社の方向性を決定づけた。

セールスマンも一流なら客も一流

世界屈指のコンピューターメーカーである、IBM。同社はトーマス・J・ワトソン（シニア）とトーマス・J・ワトソン・ジュニアの父子2代で育て上げた企業だ。

普通、親子2代というと互いに手を取り合いながら会社を育て上げたような印象を持つが、実は2人はまったく正反対のやり方でIBMを事務機器のメーカーから世界のコンピューターメーカーへと発展させている。

父親はカリスマ性のあるワンマン経営者で、一方の息子は会社を組織で動かすことに長けているという、いわば**水と油ほどに性格が違う経営者**だった。ただ、そんな2人にも共通する部分があった。それは社員に働く喜びを与えたことである。

IBMは、もともとCTRという名前でタイムレコーダーなどの事務機器を製造販売している会社だった。父親のワトソン・シニアは、文字どおりの一文なしからキャッシュレジスターの販売で身を起こしてCTRの社長になった人物で、彼は会社の経営で何よりもセールスマンを大切にした。

たとえば、CTRで雇い入れるセールスマンには分け隔てなく一流のスーツを作らせ、挨拶から身のこなし方に至るまでこと細かにエリート社員としての教育を施している。顧客が一流企業ならセールスマンも一流でないと足もとを見られると考えたからだ。

今の時代も同じだが、セールスマンといえばスーツも自前なら営業トークも独力で身につけなければならない。しかしワトソン・シニアは、**セールスマンは会社を代表して顧客を訪ねるのだからいわば会社の顔**と考えていた。もし顧客が彼らに好印象を持てばそれは会社の評価につながり、商品の購買にも活かされると思ったのである。

このため彼はセールスマンに**ただがむしゃらに製品を売らせるよりは、正直でまじめな**

営業に徹することを奨励したのである。

この〝社員中心主義〟ともいえる営業方針で事務機器の販売がどんどん伸びると、ワトソン・シニアはカリスマ経営者として社員の尊敬を集めるようになる。それは、自然とワンマン経営による中央集権的な組織となっていた。

これまでにない販売方法

今でこそIBMはコンピューター業界のガリバーといわれているが、**初期のコンピューター市場ではレミントン・ランド社のユニバックというコンピューターが政府の国勢調査局に納入される**など業界の先頭を走っていた。IBMでコンピューターの開発が遅れていたのは、父親で社長のトーマス・ワトソン・シニアがその重要性を認めないことにあったからだ。

なにしろ社名はCTRからIBMに変わっても、主力商品はコンピューターと同じような演算処理をするパンチ式の計算機だった。

パンチカード式計算機とはキーボードの操作で厚手の紙にパンチング（穴あけ）をして、それを機械が高速で読み取って演算処理していくもので、コンピューターが登場する以前はこれが時代の花形だった。

しかし、パンチ式計算機がいくら優れているといってもパンチングしたカードを読みとる方式では、いくら高速でカードを送っても一枚一枚のカードを送る間には必ず瞬間的な時間が空く。電子式のコンピューターにはこの空白の時間がないぶん、演算処理のスピードが速かった。それは誰の目にも明らかだったが、それにワトソン・シニアは気がつくのが遅かったのだ。

ただ、彼はこの計算機を通してこれまでにない販売方法を考え出していた。それは「顧客サービス」というやり方だった。

一般的にメーカーは多大な開発費を投じて開発した製品の販売に力を入れる。これはワトソン・シニアも同じだったが、彼が少し違っていたのは**販売した後のアフターサービスのほうに力を注いだ**点である。

当時のメーカーの営業マンは給与が歩合制ということもあり、とにかく1台でも多くの機械を言葉巧みに売ることが最大の目標だった。メーカーはそれで満足をするかもしれないが、顧客からみると**「この会社は売るまでは積極的だが、売ってしまえば機械が故障しようが見向きもしてくれない」**という不満につながり、2台目は別のメーカーに発注することもあった。

ワトソン・シニアはそこに目をつけていた。販売した後にこそ本来やるべきメーカーの仕事があるのではないかと思い、計算機を売った後に出てくる利益を考えた。

もし機械の修理や調整などのアフターサービスで顧客の信頼が得られれば、次に計算機を購入しようとする時にいち早い情報を手に入れられる。そうすればライバルの営業マンに先んじて営業に動くことができるし、それまでの**アフターサービスが顧客に評価されれば再び計算機の購入に結びつく**はずだ、と。

また、常に顧客のところに顔を出していれば計算機に使うパンチカードなどの消耗品も売ることができる。パンチカードは単価の安いただの紙かもしれないが、これがまとまった量になると大きな売り上げとなるのである。

このため、ワトソン・シニアは営業マンに機械の販売は買い取りではなくリースを勧めさせることにした。**リースならアフターサービスをしやすくなり、顧客にとっても買い取りと違って新製品が出ればすぐに取り替えることができる。**

帳簿上でも流動資産として計上できるメリットがあった。ＩＢＭからみればリース契約で顧客を自社につなぎとめておくことができるうえ、パンチングカードなどの消耗品も継続的に販売することができるため一石二鳥の商売方法だったのだ。

滅私奉公より個性と人間性を重視

このワトソン・シニアの努力でＩＢＭはパンチ式カード計算機のトップメーカーになったが、取引先はより速く演算処理できる機械を求め始めていた。パンチ式計算機のスピードではいよいよ物理的な限界が見えていたのである。このことを息子のワトソン・ジュニアは危惧していた。

そこで、朝鮮戦争が始まるとワトソン・ジュニアはこれをコンピューター開発のチャンスと捉え、**「国防計算機」という名称をつけたコンピューター**の開発に着手する。国防という名前がつけば父親も反対しにくくなるとも思っていた。

この計算機はその後、「ＩＢＭ７００シリーズ」として発売されると、それまで市場で先行していたレミントン・ランド社の販売量を抑えて、ＩＢＭを一躍コンピューター業界のトップの座に押し上げたのである。

７００シリーズの成功でＩＢＭはコンピューターという科学の先端を走る企業となったが、父親の引退で社長に就いたワトソン・ジュニアの経営方針はむしろ思いやりのあるものだった。

大企業ほど経営の効率化や合理性を求めるために、時として社員の個性や人間性を深く顧みず辞令一枚で突然転勤させたり、配置転換をする。「企業戦士」という言葉に代表されるように多くの企業は社員に会社への滅私奉公を求めるが、ワトソン・ジュニアはそれとは逆に**社員の個性や人間性をまず重要視した**。これは社員を大切に扱った父親譲りの経営方針でもあった。

たとえばあまりに転勤の多い部署があると、ワトソン・ジュニアは「今後社員を転勤させる場合は、その社員の昇給と昇格を条件とする」という通達を出した。その後、この部署は業績に関係なく転勤する社員が激減したという。

あるいはこんなことも起きている。ＩＢＭの社員が乗った飛行機が雷雨で墜落事故を起こした時のことだ。

この時ワトソン・ジュニアは会議に出席中だったにもかかわらず、それを聞くとその場でその社員のいる部門の責任者に連絡を取り、家族のために病院に駆けつけるように指示をした。

ところがその担当者が仕事で会社を動けないと言うと、**「君がすぐに行けないのなら私**

が行く」と言ったという。もちろん、この担当者が仕事のやりくりをして慌てて病院に駆けつけたのはいうまでもない。

父親のワトソン・シニアもこれは同じだった。彼が社長だった時も社員が列車事故で重症を負うと、深夜にもかかわらずベッドから飛び起き病院までクルマを飛ばして家族を見舞いに行ったという。

このようなことは些細なことなのかもしれないが、なかなか会社のトップが率先してできるものではない。

息子のワトソン・ジュニアが社長になった時、三つの指標を掲げている。その一つが**「社員それぞれに思いやりを十分尽くす」**ことだった。

彼は自叙伝のなかで次のように語っている。

「分権化された部門ではその部門長が経営者と同じような気持ちを持つことが大切で、またこのような管理職と一般の社員の関係を築くことは労働組合とも良好な関係が保たれ、社員ひとり一人が働きやすい職場になる」

部下に思いやりを持つことは管理職と一般社員との間の垣根をなくし、お互いに気持ちを一つにできる最初の一歩だったのである。

組織の分権化で互いを競わせる

息子のワトソン・ジュニアはＩＢＭを本格的なコンピューターメーカーにすることに成功したが、技術が急速に進歩する時代に常に先端企業であり続けることは、企業は大いなる努力を強いられる。市場を常にリードできるような革新的な新製品を発表し続けていなければ、いつライバル企業の新製品に市場を奪われてしまうかわからないからだ。

このためコンピューターの開発には、小回りが利く組織で臨む必要があった。しかし、今までのようにトップが何事にも指示を出す中央集権的な組織ではそういう体制を取ることが難しかった。

このためワトソン・ジュニアが社長の座に就くと、彼は一から新しいＩＢＭを創り出すことにした。彼がまず手をつけたのは、**それまでのピラミッド型の意志決定の流れを変えることだった。**

会社の規模が小さければ組織全体に目を配らせているトップが即断即決することで、組織に活力と行動力が生まれてくる。ところがＩＢＭのように大企業となり、計算機だけでなくさまざまな事務機器を取り扱っている会社になるとそうはいかなかった。

トップはすべての事業内容をリアルタイムで把握しているわけではないから何事にも会議が必要となり、意志の決定には時間がかかってしまうのだ。それではコンピューターのように日進月歩で変化しているようなメーカーでは開発に支障が出てしまう。

そこでワトソン・ジュニアは、これまで**トップが握っていた権限を大幅に委譲して組織の分権化を始めた**。彼の分権化はそれぞれの部門を独立させ、一つの会社のように予算から営業、開発まで事業計画を自分たちで決められるようにするものだった。そうすることで今までのように何事もすべてトップの決済を仰がなくともよくなり、開発のスピードが早く、また、柔軟に行えるようになるのである。

それにワトソン・ジュニアは分権化の効果をもう一つ狙っていた。それは、**それぞれの部門を互いに競わせることで経営の効率化を図る**ということだった。

たとえば、売り上げに対して経費がかかりすぎている部門があると判断した場合、今まではならそれぞれの部門長を呼び出し、経費の詳細を説明させて無駄を省く努力を命じていたが、分権化してしまえばB部門の長を呼んで、「なぜA部門と使う経費に差があるのかね」と尋ねるだけでよい。

そうすれば黙っていてもB部門は経費削減の努力をするようになる。そして、その目標が達成されたら今度はA部門の長を呼んで同じように尋ねればいいだろう。こうすれば自然と会社の経費は削減されるようになり、結果的に会社全体の経費が効率的に回るようになるはずだ。

こうしてＩＢＭはカリスマ社長のワンマン企業から、独立部門の集合体のような企業に大変身を遂げるのである。

働く喜びを持てる会社とは

民間企業から公共機関に至るまで、さまざまなところでコンピューターが使われ出すようになると、ワトソン・ジュニアは長期戦略を立てた。それはビジネス誌のフォーチュンが**「ＩＢＭの50億ドルのギャンブル」と呼ぶコンピューター「ＩＢＭ３６０」の開発**だった。

製品名の３６０とは全方位を表す角度の３６０度からとったもので、あらゆる業務に使える汎用コンピューターを意味する。

同社が販売しているこれまでのコンピューターはいくつかのシリーズに分かれていたが互いに互換性がなく、ユーザーは小型機から大型機に乗換えるためにシリーズを変えるとプログラムを最初から作り直さなければならなかった。そこでワトソン・ジュニアは**どん**

な業務にも使えるような汎用性があり、また、コンピューター同士に互換性のある機種を開発したかった。

ところが、この360の開発を始動するとIBMの社内は大混乱を起こしてしまう。互換性のあるコンピューターを作るためにはまず製造ラインから見直さなければならなかったが、分権化で組織が独立しているため、どの部署も自分のコンピューターが一番優れていると思い、互換性の発想すら生まれてこないのだ。

ここでワトソン・ジュニアは大胆な采配を振るった。それは今まで**社内でライバル関係にあった大型コンピューターと、小型コンピューターの部門のトップエンジニア同士を入れ替えてしまう**のだ。当然ながら双方の部門は大混乱に陥るが、しばらくすると思わぬことが起こった。

両部門のトップエンジニアが仕事を覚えていくと、しだいに相手の製品のコンセプトがわかるようになり、やがて互いに尊敬の念まで持って協調関係を築くようになったのである。

のちにワトソン・ジュニアは組織改革を振り返り、「個人の尊重」を大切にしたと語っている。その意味は「社員に思いやりをもって接する」だけでなく、社員を一個人として扱うということだったという。

つまり、人は誰もが異なる信念や価値観や夢を持っているからそれを大切に扱うのはもちろんだが、会社が仕事を一方的に押しつけるのではなく、社員ひとり一人が自主的に仕事の目標や目的を決めて働くことの喜びを持てるようにしたというのである。

会社を巨大な機械と考えてそこで働く社員を会社の歯車にたとえることがあるが、ワトソン・ジュニアはそれを**トップの命じるままに動く歯車にするのではなく、社員を一個人として扱うことで、社員自らが目的をもって考えながら動く歯車にしよう**としたのだ。

ワトソン・ジュニアは54歳で引退するが、ＩＢＭのトップに就いた15年の間に同社の業績を10倍にし、その後もコンピューター業界のなかで同社が飛躍できる基礎を築いていった。

12 最高のサービスとは何か

コンラッド・N・ヒルトン（1887〜1979）
家業であったホテルを父から継ぎ、事業を積極的に拡大。アメリカ国内だけでなく、海外にも進出し、巨大ホテルチェーンを築いた。「ホテル王」の異名をとる。

リスクを回避する「ヒルトン方式」

常設のギフトショップやセントラル・リザーベーション・システム（総合予約センター）の設置、さらには客室に置かれているさまざまなアメニティなどホテルにはさまざまなサービスがある。利用者の利便を図るための空港に隣接したホテルなどもその一つといっていいだろう。

これらを最初に思いつき、実行に移したのが「ホテル王」と呼ばれるコンラッド・N・

ヒルトンである。

このアイデアが考え出された当初はどれも斬新な発想であり、なかには成功が危ぶまれるものさえあったが、しかし現実にはそれぞれが大きな成果を残している。

今やそれらは当たり前のサービスとなり、ヒルトンの名前は世界中どこでも通用する最高級ブランドとなった。ヒルトンこそは、ホテル経営の原点といってもいいだろう。

しかし、ヒルトンがホテル経営においてもっとも大きな影響を残したのは、マネジメント・コントラクトという経営方式を考え出したことである。

ヒルトンのホテル経営の特徴は、既存のホテルを次々に買収し、無駄なスペースを巧みに活かして集客能力を最大限に広げ、また、経営上は徹底して無駄を省いて合理性を追求し、積極的なチェーン展開を繰り広げることにある。

ことに**海外のホテルを買い取り、経営を委託してリスクを回避することで経営上の大きな成果を期待できる**ことにある。

今日ではごく一般的に行われているこの経営法は**マネジメント・コントラクト**と呼ばれるが、この経営受託方式を初めて考えて用いたのもヒルトンで、今日ではこの手法を〝ヒルトン方式〟とも呼んでいるくらいだ。

自宅をホテルに改造する

ヒルトンは、それまでにないその経営方法をいかにして生み出したのだろうか。

1942年に初の海外進出としてメキシコのチワワでホテルを開業して以来、着実に世界各国に新たなホテルを増やし、ニューヨークの名門ホテルであるウォルドルフ・アストリアの完全買収（1977年）や、プロムスホテルの買収（1999年）などを経て、当時としては世界最大級のホテルチェーンに駆け上がった。

18ものブランドを持つホテルチェーンは世界でヒルトンのみであり、世界中でヒルトンの認知度を高めるのに大きな役割を果たしている。

また、1946年にはアメリカのホテル会社として初めてニューヨーク株式市場に上場している。現在は、122の国と地域に7000軒（110万室以上）のホテルを展開している。

それまでにない数々の新機軸を打ち出し、成功させてきたヒルトンのホテル経営だが、その創始者であるコンラッド・ヒルトンは**生まれながらのホテルマンだったわけではない**。

ニューメキシコ準州の貧しい家庭に生まれた彼がホテル経営と出会うのは1907年、

彼が20歳の時のことだが、それはさまざまな商売に手を出したもののどれもうまくいかなかった父親が、自宅をホテルに改造することから始まった。

運命を変えた帳簿

ヒルトン自身、自伝の中で「1907年にヒルトン家でホテルを開業した時、プラザホテルやウォルドルフホテルのことを夢見ることはなかった。**ホテル業は家計が苦しくてやむを得ず始めたことだった**」と述べているが、彼がこの時、ホテル業の世界であこがれたのはせいぜい「いいボーイになること」くらいだったという。

その時のヒルトン家にとってホテル経営は、それまでに試みてきたいくつかのビジネスの一つに過ぎず、ヒルトン家の長男であるコンラッドは、まさかそれが自分が一生を捧げるビジネスになるとは予想もしていなかった。

ヒルトン自身のなかでホテル経営がどんなものだったのかを示す面白いエピソードがある。

ある時、客の身の回りの世話をしていたヒルトンに客が5ドルのチップをくれた。当時はヒルトンがいるアメリカ東部では、チップの習慣が浸透していなかった。

しかも、ホテル全体の1日の売り上げは約2ドル50セントほどである。ヒルトンは自分に与えられた5ドルというチップに戸惑った。それほど高価な金銭を与えられたことの意味がわからず、母親のところに飛んでいったほどだった。

チップという習慣になじめなかった母親は、息子に「忘れてしまいなさい」と告げる。それほどまでにコンラッド・N・ヒルトンにとってホテル経営の世界は縁遠いものだったのだ。

その後、彼は**貯めたお金を元手に銀行を設立し、銀行経営に乗り出す**。ところが、株主の陰謀により実権を奪われて苦境に立たされる。その時は父親と力を合わせてなんとかその銀行を取り戻すが、やがて第1次世界大戦に従軍し、さらに父親が死ぬと、彼は再び出発点へと舞い戻ってしまった。

手元に残された資金を元手に再び銀行を買い取ろうと考えた彼は、その地をテキサスに求めた。当時、テキサスには石油を求めて多くの人々が集まり、金が動いていた。そこで彼はある人物から銀行を譲り受ける約束を取りつけたのだ。

しかし、ここで彼は**運命を変えるような裏切りに出会う**。いざテキサスへ行くと、当の約束の相手が銀行の買収額を吊り上げてきたのだ。

彼には到底出せない金額だった。彼は失望し、途方に暮れる。なす術もなく、とりあえずひと晩の宿を求めた彼の目に飛び込んだのがオーブリーホテルという1軒のホテルだった。あいにくホテルは込み合い、部屋を借りることができなかった。それでもベッドが空くのを待つ大勢の人々に混じってロビーにいると、ホテルのオーナーが「8時間後に部屋が空くから、その時にまた来てほしい」と告げた。**24時間に客を3交代させる**――、それを休みなく繰り返すことでオーブリーホテルの経営は成り立っていたのだ。

オーナーはヒルトンに囁いた。

「それでも儲けは微々たるものだ、自分はこんなホテル経営などではなく、本当は石油採掘の仕事をしたいのに……」

その言葉がヒルトンの運命を変えることになる。彼はすぐに帳簿を見せてもらうと**「もっとうまくやれば、さらに大きな儲けを手にすることができる」**と直感したという。彼は迷わずオーブリーホテルを買い取ることを即断する。

それこそが、「ホテル王」ヒルトン誕生の第一歩だった。

「まだまだ無駄な空間があるじゃないか」

すべての原点となったオーブリーホテルは、彼にいくつかの貴重な着想を与えた。彼はここで、のちのヒルトンの繁栄を約束するいくつかの発想を得ることになる。

まず、**「無駄を省く」**ということだった。

ホテルが石油ラッシュに沸き立つテキサスにあるということは、つまりひっきりなしに寝場所を求める客がロビーに詰めかけ、カウンターに押し寄せるということだった。あらゆるベッドを客のために提供し、彼自身は事務所の机で毎晩寝たが、それでもなお彼はあることを思いつく。

「まだまだ空いたスペースや、無駄な空間があるじゃないか」

ホテルとは、つまりベッドがあれば儲かるところ。それが彼の得た発想だった。存在するスペースを最大限有効に使い、利用できるものをもっとも賢い方法で無駄なく利用する。のちにヒルトンホテルを巨大ホテルチェーンに成長させる発想の原点ともいえるものを彼はこの時手に入れたのだった。

こうして彼はすぐさまホテルの周辺にあった安食堂を買い取り、屋内をベッドと洋服ダンスを置ける小さな部屋に区切った。さらにスタンドや土産物屋を設置した。もちろん、それを自分で直接経営するのではなく、**別の人に貸して経営させた**のである。

すぐに儲けを得たのはいうまでもない。それはまさに、のちに「ホテル王」ヒルトンがホテル経営の世界に築き上げる経営法である**マネジメント・コントラクトの原型**ともいうべきものだった。

無駄なスペースを最大限有効に利用するという発想は異なった形でも生かされた。たとえば、彼が買い取ったウォルドルフ・アストリアのロビーには4本の巨大な支柱があったが、それはあくまでも装飾のためのものであり建物を支える役割はなかった。

そこで彼はこの**無駄な柱に美しいショーウィンドウーを造った**。有名なホテルのロビーに造られたそのウィンドーには香水業者や宝石商が陳列のために列をなし、ホテル全体の価値を高めるために大きな役割を果たすことになるのである。

無駄を省くことで価値を高める――。それこそが彼の哲学の原点だったのだ。

「団体精神」で培われた最高のサービス

オーブリーホテルの経営を成功させるためにヒルトンがしたことが、もう一つあった。それもまた、それ以降のヒルトンのホテル経営に不可欠の基本精神となっている。自伝の中で彼はこんなふうに述懐している。

「自分は、このホテルをもっといいものにし、そしてさらなる利益を生み出す方法をもう一つ知っている。それは**団体精神だ**」

彼が行動に移したのは、従業員がそれぞれに誇りを持ち、それぞれ自分の意志と判断を持って客に接することを奨励することだった。結果的に仕事の能率の向上をもたらしたが、ここでも時間と労力の無駄を徹底して省いたわけだ。

のちにヒルトンは日本進出も果たしているが、東京ヒルトンホテルの開業にあたって日本人の従業員はヒルトンの徹底した教育に目を見張った。

組織固めをがっちり実行したうえでヒルトン流の技術と知識とを、それこそ皿の持ち方一つから徹底的に叩き込み、プロのホテルマンに育てあげていくというやり方は日本人には驚くべきことだったのだ。

ヒルトンで働き一人前に成長したホテルマンの多くは、**「ヒルトンは偉大な学校だった」**と口を揃えるが、それは日本人スタッフの間でも同じだった。**日本における近代的ホテル経営の基礎も、やはりヒルトンがもたらしたもの**なのである。

今では世界中に７０００ものヒルトンホテルが存在するが、スタッフが頭に叩き込んでいる接客マニュアルはすべて同じものである。

つまり、アメリカのヒルトンホテルのスタッフも日本のヒルトンホテルのスタッフも、まったく同じレベルであり、同じ質のサービスを提供することができるのだ。これは利用者にヒルトンホテルへの安心と信頼を与えるためにもっとも有効な手段である。

ヒルトンホテルというブランドを世界中で均一のものにする、それこそまさに最上のサービスだとヒルトンは考えたのだ。

また、東京ヒルトンホテルのスタッフは、倉庫から食材一つを取り出すのにもいちいち細かく伝票をつけるヒルトン流のやり方にも驚いた。ホテルで大規模な宴会が行われる時は、そのためのスタッフが外部から派遣されてくるのが慣例だったが、しかしヒルトンホテルでは**宴会専門のスタッフを育成し、ホテル内に宴会の専門職を置いている**。そのほうがすべての会場を見ることで資材や食事の無駄を省きやすいからだ。「無駄を出さない」ということへの徹底ぶりは、そんなところにも表れていたのだ。

もちろんこれは東京ヒルトンホテルだけの話ではない。東京は一つの例に過ぎない。彼は、この団体精神を世界中に浸透させたのだ。

破産宣告のすすめには「ノー」

彼はこの二つの基本精神をもとにして自分のホテルを増やし続けた。フォートワースのメルバ・ホテルをはじめ、それらはちょっと見ただけでは誰も手を出しそうにない、老朽化したみすぼらしいホテルも少なくなかった。

しかし彼は、無駄を省くことと団体精神を育てるという二つの鉄則を活かして改造し、そしてその経営をしかるべき人物にまかせた。ホテル王として世界最大のホテルチェーンを手にするための礎は、このようにして早い時機に培われたのだった。

1926年、ヒルトンはテキサスで1年に1軒ずつ、自分のホテルを建設していくことを決意した。この彼の目論見は成功し、経営は順調だった。しかし1929年に起こった世界恐慌で破産状態寸前にまで陥り、手放さざるを得ないホテルもあった。

弁護士は彼に破産宣告をすすめたが、しかし彼は「**自分が破産すれば、今まで自分を信頼してくれた人を裏切ることになる**し、今後はたった1ドルの金さえも自分のために出そうという人はいなくなるだろう」と断った。事業に対するこの責任感の強さこそが彼の真骨頂だった。

逆に彼は、恐慌によって安値になったホテルを少しずつ買い集めて事業を確実に拡大させた。1938年にはサンフランシスコのサー・フランシス・ドレイク・ホテルを買収して西海岸に進出、翌年にはシカゴでのホテル買収を決意する。

そして1942年、メキシコのチワワで完成したホテルにパラシオ・ヒルトンと命名し、その経営を引き受けた。これが彼の最初の海外進出であり、これを皮切りにヒルトンの名前は海外でも知られるようになるのである。

こうして着実に彼の事業は拡大していき、既存のホテルを買い取っては経営を委託する、という独特の経営方法も確立していった。

ことに**第2次世界大戦後、海外を飛び回る人の数が急速に増加し、さらに航空機の発達もあって世界が着実に狭くなりつつある**ことも彼の事業拡大の意欲を強く刺激した。

海外のホテルを買収し、ヒルトンの名前が世界に広がりつつある状況を見て、アメリカの国務省と商務省はヒルトンがアメリカの海外援助計画推進に大いに貢献するだろうと示唆した。

ビジネスはもちろん、観光や国際親善の舞台としてもヒルトンはアメリカ政府からの期待を受けるようになったのだ。

今も生き続ける〝ヒルトン流〟

そんな状況のなかでヒルトンがどのような形で海外に進出し、マネジメント・コントラクトという経営法を進めていったのか、それはプエルトリコの政府機関に対して彼が行った提案によく表れている。

プエルトリコ政府が第2次世界大戦後、アメリカのいくつかのホテルに対してサンファンに新築するホテルの運営を委託したいという打診をしたのだが、それに対してヒルトンは次のような貸借契約の提案をしたのだ。

建物を提供することはもちろん、施設や家具などもすべて揃えてほしい、そうすることでそのホテルは**「プエルトリコのホテル」になる**のだから。その代わり、自分たちは建築、施設整備、家具の備え付けについてのコンサルタントを送る。

さらに操業資本は自分たちが持ち込むし、全世界に向けてのプロモーションやパブリシティも自分たちが行い、最大限の利益が上げられるように努力する。

そして**利益は3分の2が所有者、3分の1だけを自分たちが受け取る。さらにスタッフはプエルトリコ人を雇い、アメリカのホテルで最高の経営技術を学ばせる**。もちろん、プエルトリコ政府はこの提案を受け入れ、ヒルトンはプエルトリコへ進出する。

マネジメント・コントラクトと呼ばれるこの方法は1950年代以降、ビジネスや観光のために海外を訪れる人々が急速に増えるにつれて数多くのホテルで広がっていった。この精神は今も生き続け、近代的なホテル経営法として今やヒルトンが生み出した客室ごとのアメニティと同じくらいに一般的になっている。

海外進出はしたいものの、その国の社会情勢が不安定なために確実な経営ができるかどうか不安がある場合など、そのリスクを少しでも回避するために、その**相手国のオーナーに開発と不動産所有のリスクを負担させることで自らのリスクを回避したい**と考えるのは当然である。その際、マネジメント・コントラクト方式は、もっとも有効な経営方法だと考えられている。

ホテル産業そのものを大きく前進させた「ヒルトン流」ともいえる手法は、苦境のなかにあった1人の男の発想が大きく実を結んだ結果なのである。

13 わずか一滴の節約効果

ジョン・D・ロックフェラー（1839〜1937）
一代で製油市場をほぼ独占するほどの力を得たアメリカの「石油王」。引退後は、ロックフェラー財団を組織し、その莫大な財産の一部を慈善事業に充てた。

相手の力を利用して大きくなる

「わずかな力で最大限の結果を手に入れる」ことを実践し、アメリカ人の誰もが「石油王」と認めるようになったジョン・D・ロックフェラー。彼は石油ランプが普及し始めたアメリカの石油業界に彗星のように登場すると、次々にライバル会社を傘下に収め、やがて石油の精製市場を独り占めするようになる。

ロックフェラーを億万長者にしたのは、**相手の力を利用する**やり方だった。たとえ相手が自分より力の強い人間であっても、柔道なら突進してくる相手の力をそのまま利用して軽々と投げ飛ばしてしまうが、彼はこの相手の力をうまく使うことで次々とビジネスを成功させていったのだ。彼が当時、日本の柔道の存在を知っていたかどうかはわからないが、挑みかかってくる相手の力を利用して小さな力で、しかも自分の思いどおりの方向に導いてしまったのである。

彼のことをややもすると他人の話に耳を傾けることなく、独断でものごとを決めてしまうワンマン社長のように思うかもしれないが、むしろ彼は他人の意見をよく聞くことで数多くのビジネスチャンスを手に入れている。

実際、最初に石油を手がけた時がそうだった。自分から率先して仕事を捜し出してきたのではなく、**「石油が儲かる」という話が彼に持ち込まれたのがはじまり**だったのである。

折しも当時のペンシルベニア西部は、ちょうど石油の採掘が機械で行えるようになっていた時期だった。油田を掘り当て一攫千金を求める者たちの石油ラッシュに沸いており、なかでもロックフェラーの会社があるクリーブランドは油田地帯に近いこともあり、石油でひと財産を築いた人たちの成功談が街中を賑わせていたのである。

後世、ロックフェラーは「誰でもそこに石油があることさえわかれば、大金持ちになれた」と語っているが、彼は**自分が行うべきビジネスを他人の成功談の中に見出していた**ということになる。

「人を見る目」は相手の話を真剣に聞くことで養う

石油業界に入るきっかけとなったのは、**ある男との出会いがはじまり**だった。

ロックフェラーは最初、友人と設立した農産物の委託販売会社「クラーク・アンド・ロックフェラー社」で石油の仲買ビジネスに精を出していた。そこに、1人の男が訪ねてくる。男はサミュエル・アンドルーズと名乗る石油精製の技術者だった。彼は独自の方法で石油を精製する方法を考え出し、新しい石油精製会社を立ち上げるための出資者を探していたところだった。

アンドルーズは丸っこい赤ら顔の男で、見るからにまじめそうな性格の持ち主だった。どちらかというと経営者というよりも根っからの技術者のようで、会社を設立したいとは口にしているものの、実際に会社を切り盛りするだけの力量には乏しそうだった。

ロックフェラーはアンドルーズのそれを見抜いたのか、彼の話を聞くと即座にベンチャー企業への投資を決定する。この時のロックフェラーはまだ実業家としては駆け出しで、投資する資金に十分なゆとりなどあるはずがなかった。文字どおりのベンチャーだったのである。

彼を知る者は**「最初ロックフェラーはアンドルーズの話にそれほど心を動かされなかった」**とさえ書き残している。さすがのロックフェラーも本心では半信半疑だったのだろう。

それにしてもロックフェラーはなぜ、海のものとも山のものとも判断がつかない若者のアンドルーズの話を信じて自らの財産をつぎ込む決心をしたのだろうか。

おそらくアンドルーズの話は、同じように**持ち込まれてくる石油の儲け話より具体的な内容**だったのだろう。そもそもアンドルーズ本人は技術者なので精製技術について何を質問されても答えられたことから考えると、ロックフェラーは、この時ビジネスとしての可能性について明確な事業計画や採算性を持っていたにちがいない。

成功を収めた経営者の多くはよく「人を見る目」の大切さを口にするが、ロックフェラーのアンドルーズを見る目が節穴ではなかったことは彼らの、のちのちの成功が雄弁に物語っている。

あくまでもしたたかに

もう一つ、ロックフェラーがアンドルーズをパートナーに選んだ理由がある。それは石油業界なら投資が少なくてすんだことだ。しかも、**石油の精製なら石油の採掘に比べてリスクが低い**ことがあった。石油の採掘会社を買収すれば自分で油田を探さなくとも石油業界に容易に参入できるが、ただ採掘は油田から出る石油の量が会社の経営を左右した。石油の精製ならそういった心配がなく確実に儲けることができたのである。

当時の石油業界は、油田を採掘するだけで案外簡単に事業を軌道にのせることができる業界だった。そのため、**ひと山当てて億万長者になろうと誰もが次々と参入してきた**ことはいうまでもない。

このことはのちに石油の精製業者を雨後の竹の子のように増やすことにつながり、市場は常に価格競争による激しい過当競争を招くことになる。

ロックフェラーは石油の精製会社「アンドルーズ・クラーク・アンド・カンパニー」をクリーブランドに設立するが、ここで彼は新会社の立地について考えている。

地元のクリーブランドに会社を設立したのは、ほかの土地に置くよりも経営に目が届きやすい利点もあったが、それよりも彼は灯油の物流コストに着目したのである。

アメリカの地図を広げて見ればわかると思うが、油田地帯にあるペンシルベニア西部から最大消費地であるニューヨークまで灯油を運ぶためには、鉄道を使う方法とエリー湖からニューヨークへつながるエリー運河を利用する船輸送の二つがある。

鉄道を使って輸送するならば、クリーブランドよりもニューヨークに近い同じ油田地帯のピッツバーグに拠点を設けるほうが有利だ。誰もが考えそうなことだが、そのほうが大消費地であるニューヨークまでの距離が短いために物流コストが安く抑えられるメリットがある。ところが、ロックフェラーは**わざわざニューヨークから距離が遠いクリーブランドに設立した**のである。これはクリーブランドが鉄道だけでなく船も輸送手段として使えるからである。

ピッツバーグからニューヨークまではペンシルベニア鉄道しかないので、もし輸送方法を鉄道だけに絞り込んでしまうと消費地までの距離はたしかに短縮できるかもしれないが、**鉄道以外に灯油の輸送手段がないために運賃は鉄道会社の一存で決まってしまう**恐れがある。これでは相手を利用するどころか逆に利用されることになる。

そこでロックフェラーは考えた。灯油の輸送手段が複数あるクリーブランドなら、**輸送費に価格競争の原理を持ち込める。そのうえ運賃を決める主導権を握ることができる**と皮算用をしたのだ。もちろん、彼がはじめから輸送業者に輸送費の価格競争をさせるつもりだったことはいうまでもない。あくまでもしたたかなのである。

最小の経費で最大の利益を上げる

ロックフェラーがこうして巨万の富を築けたのは、灯油が爆発的に売れるようになったからだけではない。もしそうなら、当時の石油精製会社の経営者はすべて億万長者になっているはずだ。ロックフェラーがほかの経営者と違っていたのは極力無駄を省くことで富を築こうとしたことだった。

石油業界に入ったロックフェラーの石油精製会社は好景気ということもあり、最初から十分な利益を上げることができた。それでも彼は**帳簿を細かくチェックして不必要な出費をことごとく切り詰めた**。それは周囲から**「まるで日曜学校の先生のようにうるさい」**と揶揄《やゆ》されるほどだったが、彼は利益を追求することこそが企業の使命であり目的だと考えていたので、そんな雑音には耳を貸すはずなどなかった。

売り上げを伸ばしている会社の経営者ほど、エンピツ1本、紙1枚の無駄使いにも注意を払う。大金をつかめばつかむほど財布のヒモを強く締めるのである。

その点はロックフェラーも同じで、会社の業績に関係なく「最大の利益を上げるために経費をどこまで最小にできるか」ということに一番力を入れていたのだ。

ロックフェラーがこのようにあらゆる無駄を省くことに真剣だったのは、彼が高校を中退して勤めた商社で毎日帳簿をつけていたこと、また、独立してから友人と始めた会社で経理を担当していることなどが関係していたといわれている。

彼を知る人は**「帳簿は感情に惑わされて誤りを犯すことがないように彼を導き、業績を正しく評価し、非能率的な点を探り出してくれた」**と書いている。つまり、彼の重箱の隅をつつくほどの経費に対するこだわりは、上司でも同僚でもなく帳簿が育ててくれた賜物なのである。

しかし、やがて好景気にも陰りが見え始める。石油業界は反転して不況に突入すると、ロックフェラーは業界の激しい価格競争に打ち勝ち、不安定な会社の経営環境を克服しなければならなかった。

今でこそ原油価格は1バレルあたりの相場が決まっており、その相場を軸に石油価格が上下するが、オイルラッシュが始まったばかりのアメリカでは原油の値段は決まっているようでいて、実は何を基準にしているのか決まっていないも同然だった。

これは石油の採掘業者が市場の需要と供給のバランスを考えず、ただ採掘した石油を売ることだけに熱心だったためで、今でいう**生産調整などは考えもしなかった**のだろう。このため年間の売り上げ計画が立てられないばかりか、いつ石油価格が暴落して赤字に転落してもおかしくない状況だった。

あえて喧嘩をしむける

そんな、突然会社が傾いてしまうかもしれない待ったなしの状況のなかで、ロックフェラーはこのピンチをチャンスに変えるのである。

彼はこの機会に乗じて会社の経営権をすべて握ることを考えた。自分が会社の決定権を持てば危機を乗り越えるために素早く判断して動くこともできる。たとえその舵取りが間違っていても責任を取るのは自分1人だけですむ。ということは、**大きな決断をしなければならない局面で大胆な発想を持って決定を下せる**のだ。

だが、彼自身が共同経営者に面と向かって言ったのでは問題がこじれるばかりだ。そこで彼は一計を案じる。意見がことごとく噛みあわない共同経営者のクラークに喧嘩を売らせるように仕向けたのだ。ようするに**相手から会社の解散を切り出させようとした**のである。そして目論見どおりクラークが解散のことを言い出すと、すぐにロックフェラーは会社を競売にかけて買い取ってしまう。まさに挑みかかる相手の力を巧みに利用する彼独特のやり方が奏効したのだ。

そしてロックフェラーはすかさずアンドルーズをパートナーにすると新会社の「ロックフェラー・アンド・アンドルーズ社」を設立する。これがアメリカで最大規模の石油精製会社となるオハイオ・スタンダード石油会社の前身だ。

新会社で再出発したロックフェラーは新たな取引先と融資先を探して飛び回るようになるのだが、この時、彼はけっして強引に売り込んだり、融資が受けられるまで粘るということはなかったという。

「強引には売らない」という教訓

この経営ポリシーは彼の生い立ちに関係している。

ロックフェラーは1839年、ニューヨーク州のリッチフォードという小さな村で生まれている。父親のウィリアムは体格のよい快活な人物で村の人気者だったが、職業は薬の行商人で、あやしげな薬を言葉巧みに売りつけるペテン師のような商人だったようだ。

ロックフェラーはこの時、子供ながらこのことを深く心に刻みつけ、その後「売り込む相手を騙さないこと」と「何がなんでも売りつけようとはしない」ことを教訓として学んだと述懐している。

つまりロックフェラーは**実の父を反面教師と捉え、販売交渉の方法について身をもって学んでいる**のである。弱肉強食の世界を生き抜いてきた彼のイメージからみると一見正反対の姿にも思えてしまうが、実はロックフェラーにとってこれは極めて合理的な方法でもあった。

相手を騙さずに強引に売りつけることをしなければ、相手はなぜそれが自分に不必要なのかを話してくれる。こうして**相手の本音を引き出せば、そこから次善の策を考えることができる**ことを体得したのだ。

この方法でみごとに成功するのが、鉄道会社との運賃の値下げ交渉だった。ライバルとの価格競争に打ち勝つためには新会社においても運賃の値下げが必要だったことはいうまでもない。すでに鉄道会社は乾いたタオルを絞るようにぎりぎりまで運賃の値下げに応じていたので、さらに値下げをしてもらうには発想の転換をするしかなかった。

ロックフェラーは鉄道会社との交渉で灯油の輸送に必要以上に経費がかかっていることを知ると、それなら**自分の会社が鉄道会社の経費の一部を負担して、それに見合う運賃の値下げをしてもらえばいい**と思いつく。

そこでロックフェラーは輸送費の値下げの条件として、輸送中に発生する事故のリスクを荷主側が負担し、また、市場の需要に関係なく一定量の貨車輸送を約束することを提案した。当時、石油業界でここまで物流コストを徹底的に削減して実行した経営者はいなかったという。

ロックフェラーはこの交渉によって実現した運賃の値下げ幅をそのまま灯油の価格に反映させると、ライバルより安い値段の灯油を販売してどんどん売り上げを伸ばしていく。**鉄道会社を〝敵〟として捉えるのではなく、ともに会社を発展させるためのパートナーと考える**行動は、その後の彼を石油王にのし上げる原動力ともなった。

時代が求めた「石油王」

ロックフェラーはアンドルーズとともに設立した会社に新たなパートナーを迎え入れると、さらに資本金を増やして社名も「オハイオ・スタンダード石油」に変更、会社はクリーブランドで最大規模の石油精製会社になっていた。

「一石二鳥」ということわざがあるが、ロックフェラーがその後石油ビジネスで大成功を収められるのはまさにこの考え方によるものだった。

ある時、灯油缶に灯油を入れて蓋をする現場を視察したロックフェラーは、「そこで使うハンダの量を減らせないか」と担当者に指示をする。その担当者がいろいろな方法を試したところ、**40滴使っているハンダの量を39滴にする方法を発見した**という。わずか1滴と思うかもしれないが、石油を入れる樽の栓でさえ毎月何万個と在庫しているほどだから、ハンダ1滴の節約効果には大きいものがあった。

これはロックフェラーが**経営者の地位に甘んじることなく常に現場を見回っていたからこそ成し得た合理化**ともいえるが、それよりも注目したいのは、「自分は合理化につながるアイデアだけを提供し、あとはそこの部署の責任者に任せる」というやり方だろう。

現場に任せられるものは自分で直接手を下す必要はない。**すべて現場に任せれば、あとは担当者が創意工夫をするようになる。自分は思いつきやアイデアを伝えるだけでいい**から、一度に多くの現場にさまざまな合理化策を実行させることができる。これこそまさに二重三重のメリットがある操縦方法である。

こうして無駄を省くことに成功したスタンダード石油はライバルの石油精製会社のシェアを奪い、次々に相手を買収しては傘下に収めていった。

そしてライバル会社を買収する最後の決め手となったのが「南部改造会社」の設立だった。

この会社の狙いは貨物量の低下に頭を悩ませている**鉄道会社を救済するために、石油精製会社をすべてスタンダード石油の傘下に入れて業界の過当競争をやめさせる**ことだった。

ただ、南部改造会社の目論見が事前に漏れたことからライバル企業が反対運動を起こし、計画が実行に移されることはなかったが、結果的に石油業界に与えた影響は計り知れなかった。

ロックフェラーが鉄道会社とそこまで強固な関係にあることを知ったライバル企業は怖じ気づき、我先にとスタンダード石油の買収交渉に応じるようになってしまった。

この時のロックフェラーの買収方法は多少強引だったかもしれないが、やり方はフェアだったといわれている。相手を騙したり威嚇したりするような横柄な態度ではなく、ただ彼は相手にこう囁いたらしい。

「部外者に成功のチャンスはないが、仲間になるチャンスは全員に与えられている」

つまり、今なら誰でもスタンダード石油の傘下に入って自分の会社の売り上げを伸ばすことができるが、もし**傘下に入らないならライバルの会社とみなして徹底的に戦う**という意味だろう。

ほとんど市場を独占しようとしている企業のトップからそう言われれば交渉相手は首を

縦に振るしかないだろうが、買収交渉で提示された金額は相手の会社を買い叩くような、けっして足もとを見るような数字ではなく、適正に評価され尊重された額だったという。

こうしてアメリカの石油精製業界はスタンダード石油1社が牛耳ることになる。ロックフェラーは石油の採掘から精製、販売までを取り仕切る文字どおりの「石油王」になっていたのである。

ただ、企業による市場の独占がほかの業界でも起きるようになると、さまざまな弊害が生まれるようになる。そして**企業が単独で市場を独占することを禁じた「シャーマン反トラスト法」が成立**すると、スタンダード石油はこのシャーマン反トラスト法を受けてその後分割される。

現代では企業による市場の独占を「独占禁止法」で禁じ、自由競争を行うことで商品の安定供給と品質の維持を行っているが、過当競争で**共倒れ寸前だった当時の石油精製業界はロックフェラーの市場の独占なくしては灯油の品質と価格、そして供給が安定させられなかった**。

まさに時代が求めた「石油王」だったのであろう。

14 「現場」にこだわることで見えるもの

カーネル・サンダース（1890〜1980）
ケンタッキーフライドチキンの創業者。破産同然だった65歳の時に起業。レシピの販売権を売るフランチャイズビジネスで、世界的チェーンの基盤を築いた。

65歳が本当のスタートライン

カーネル・サンダース。この名前を聞くだけで誰もが白髪に白髭を生やし、白いスーツ姿にステッキを持った柔和な紳士を思い浮かべるかもしれない。言わずと知れたケンタッキーフライドチキンの創業者である。

数ある世界的な大企業のなかで日本でもここまで広く名前が浸透し、顔の知られた人物はいないと言っていいだろう。現在、150か国以上に約2万7000店を展開し、日本では1232店で彼の「オリジナルチキン」の味を楽しむことができる。

オリジナルチキンとは、カーネル・サンダースが考案した調理法により作られる独自のフライドチキンのことだ。1939年にカーネルが完成させたレシピは現在に至るまで85年にわたって受け継がれ、その伝統の美味しさは今も変わることなく守り続けられている。

だが、彼がケンタッキーフライドチキンをフランチャイズとして立ち上げ、**オリジナルチキンの味を世界に広めたのは、なんと65歳を過ぎてから**である。普通の会社員ならとっくに定年を迎えて年金生活に入る歳だ。その年齢から事業に取り組み始めたカーネル・サンダースの成功の秘訣とはいったい何なのだろうか。

三つの条件を満たす店

はじめにカーネル・サンダースを語るうえで欠かせない場所といえばアメリカのケンタッキー州をおいてほかにないだろう。このケンタッキー州の南西部にあるコービンという小さな田舎街でカーネルは成功への第一歩を踏み出す。

1930年、この街の国道沿いでガソリンスタンドを経営していたカーネルが客に喜んでもらえるようにと食事の提供を始めたのがサンダース・カフェというレストランだ。

レストランといえば聞こえはいいが、ガソリンスタンドの隅にある物置小屋を改装して造られたスペースには、テーブルが一つと椅子がわずか6脚あっただけである。だが、このレストランの評判が評判を呼んでいくことになる。

その理由の第一としては、**食事が美味しかった**ことがあげられる。出される食事はフライドチキンやビスケットなど簡単なものばかりだったが、カーネルが料理に手抜きをすることは一度もなかった。

第二に店が非常に清潔であったこと。旅行者やトラックのドライバーなどが立ち寄る国道沿いの店といえば食器が汚れていることもしばしばで、衛生管理が行き届いていない場合が多い時代だった。そのなかでカーネルの店だけは**常に清潔に保つことを心がけていた**のだ。

そして最後が心をこめたサービスだ。彼は閉店間際に来た客に対しても快く接客したという。カーネルは常に**客がどうしたら喜んでくれるかを考え続けていた**のだ。

現在の外食産業では基本中の基本ともいえるこの三つの条件を満たす店が当時、周辺にはなかったのである。

後年、フランチャイズを展開するようになってからも、カーネルはサンダース・カフェで実践していた三つの条件をフランチャイジー（加盟店）に課し、一つでも条件をクリアできなければ契約を解除している。

ロータリークラブのモットー

だが、どうしてカーネルはこの三つの条件を実行しようとしたのか。

カーネルは**「人に対して誠心誠意のサービスをする者こそがもっとも利益を得る」**という、彼の信条に従ってそれを実践したに過ぎない。それが彼にとっては客が喜ぶ料理を作ることであり、店で快適に過ごしてもらうことだったというわけだ。

この信条は以前から彼が所属しているロータリークラブのモットーだったのだが、最初にこの言葉を聞いた時からカーネルは大きな感銘を受け、実際にこの信条に従って生涯サービスに徹底し「もっとも利益を得る者」になっていく。

こうしてサンダース・カフェの評判は口コミで広がり続け、同時に店も拡張されていき、店もカーネル自身も地元で広く知られる存在になっていく。やがて食事の提供を始めてからわずか5年で、カーネルは**ケンタッキー州の州知事から「カーネル」の称号を与えられる**名士にまでなる。

そう、実はカーネルは本名ではない。本名はハーランド・サンダースという。「カーネル（colonel）」とはアメリカの南部や西部で名誉職に使われる言葉なのだ。45歳でこの称号を授与されたこの時、我々にお馴染みの「カーネル・サンダース」が誕生したのである。

妥協できない一線

カーネルがレストラン経営で成功を収めた第一の理由は料理の美味しさだったと先に述べた。では、その料理がどのようにして世界中で現在も愛されているオリジナルチキンへと進化していったのだろうか。

これらの調理法のベースや品質へのこだわりは、すでにサンダース・カフェ時代に確立されている。実はカーネルは本格的に料理を学んだことはない。少年時代に母親から教わったいわゆる**「おふくろの味」が基になっている**だけだ。

それにさらなる旨みを加えるため改良を重ね、試行錯誤の末についに完成したのが**「イレブンスパイス」と呼ばれる極秘の味つけ**である。ここに至るまでには、レストランの客の反応を間近に見ながら何度となく試作が繰り返されている。

また、食材にもこだわったカーネルは**自分で農場をつくり、そこで野菜とともにメイン**

の食材である鶏を飼育している。質のいい安全な料理を出すためには食材の管理も自分自身で行う必要があると考えたからだろう。

そして、何といっても画期的なのは**10分もかからずにフライドチキンができあがるという圧力釜**の存在である。それまで鍋で30分もかかって揚げていたチキンが3分の1以下の時間でできあがる圧力釜との出会いは、カーネルにとって運命を変えるものだった。

客を待たせることなく、スパイスの染み込んだ最高の質と味の料理を提供できる――。これは「誠心誠意のサービス」を信条とする彼の理想に合致していた。圧力釜を導入したことで長年苦労して取りかかっていたオリジナルの調理法がついに完成したのである。

そしてこの時に完成したフライドチキンの味は、今、我々が口にしているものと基本的に変わらない。カーネルが作り上げた調理法が幾多の時代を経ても、しかも国が変わっても受け入れられていったのは、この味と品質へのこだわりがあったからにほかならない。

店を構えずに味を売り歩く

レストラン経営で一時成功を収めたカーネルだったが、**65歳の時に破産同然に追い込まれている**。サンダース・カフェのある国道から少し離れた場所に新しいハイウェイができてしまったのが事のはじまりだった。

サンダース・カフェはこれにより客が激減、とうとう店を競売で手放すことになる。手持ちの資金はほとんど使い果たし、新規の開業は土台無理な話である。月々に支給される年金もわずかという窮状だった。

だが、この歳から彼は世界に顔を知られる企業家へと飛躍を遂げていく。通常なら「余生」といわれる人生のステージにさしかかる年齢だ。そう考えると、驚くべき遅咲きの人生といえる。

すべてを失ったかのように見えたカーネルだったが、失意のなかで一つだけ彼に残されたものに気がつく。丹精込めて作りあげたフライドチキンの味だ。店も金もすべてを無くしてしまったが、チキンのオリジナル・レシピだけは唯一の財産として彼の頭の中に残されていたのである。

――「レストランを開かずにフライドチキンの味を売るにはどうしたらいいか」。あれこれと考えて辿り着いた結果は、**自分のレシピをほかのレストラン経営者に売っていこう**というものだった。つまり、フランチャイズビジネスの展開を始めたのだ。

カーネルはまず友人のレストラン経営者を訪れ、彼に自ら調理したフライドチキンを食べさせて契約を結び、それを皮切りに全米各地を訪問していった。

契約の条件は彼のオリジナル・レシピを教える代わりにチキン1ピースにつき数セントの販売権使用料をカーネルに支払うというものだ。

圧力釜など指定の調理器具をレストラン側に売ることで味の均一化にも気を配り、そして秘伝のスパイスだけは調合を教えず自分で作ったものを先方に渡すようにした。

だが、最初の1年で契約できた店は10店舗にも満たなかったという。これはケンタッキーフライドチキンの知名度が低かったこともあるが、カーネル自身が不衛生な店とは契約しようとせず、**自分の認めた店にしか販売権の使用を許さなかった**ことが大きい。

🔔誠意、公平、良い人間関係、有益……

カーネルはビジネスにおいて何より重要なものは「人」だと発言している。ゆえにフランチャイズビジネスを広めていくうえでも、フランチャイジーとの信頼関係が非常に大切だと考えていたのである。

彼が参加していたロータリークラブにはビジネスに関する4つのテストがあった。

一つは、**そのビジネスが誠意のあるものか**どうか。そして二つ目は**関係するすべての人**

に公平なものか。三つ目は友情などいい人間関係を築けるものか。そして最後が**関係するすべての人に有益なものか**どうか、というものだ。

カーネルはこの4項目を事業の際に常に遵守していたというから、この時も同様にフランチャイジーに対して公平であり有益で、さらに良好な人間関係を築いていこうと考えていたにちがいない。

こうしたカーネルの昼夜を問わない営業努力と妥協を許さない姿勢、そして人に対する真摯な態度が功を奏してチェーン店はしだいに広がっていき、ついには自ら営業をしなくてもレストラン側から問い合わせがくるようになる。

そうこうしているうちにフランチャイジーは加速的に増え、会社設立後わずか5年足らずで全米に200近い加盟店が次々とオープンした。その後、世界中に広がるフランチャイズとなっていったのである。

「生涯働き続けること」へのこだわり

晩年、カーネルは自身の築き上げた事業をさらに発展させるために世界的にビジネス展開をしている企業に売却しているが、これは引退ということではなかった。

彼はケンタッキーフライドチキンの味と質を保つために、例のカーネルのユニホームを着て世界中の店を駆け巡っている。そこで料理やサービスが彼の考える基準に達しているかどうか、直接スタッフに厳しく指導して回ったという。

我が子同然である彼のフライドチキンの質が落ちることだけは許せなかったのだろう。ケンタッキーフライドチキンの味と質が完成当時から今も変わらず人々に愛されているのは、ひとえにカーネルの努力の結果だといえる。

また、幼少時代に父を亡くし、小学校から懸命に働き続けてきたカーネルにとって、働くことをやめることは生きるのをやめることに等しかったのかもしれない。**彼の人生に「引退」の2文字はなかった**のである。

彼は「自分には特に才能も運もなかった」と話している。成功した秘訣は、ただ「人を喜ばすために全力で働いてきただけ」だという。働くことで家族を助けて喜ばせてきたことが、やがて世界中の人々を喜ばすことに変化していったのだ。

ところで、店頭で私たちに微笑むカーネル・サンダースの等身大の人形だが、あれは日本が火つけ役となり世界へと広がっていったという。

日本法人立ち上げの際にカナダを訪れた役員が倉庫に眠っていたカーネル人形を見つけ

て持ち帰り、プロモーションに利用したのだ。カーネルの親しみやすいその容姿は案の定大人気を博し、やがて世界中の店舗で使われるようになる。

あのカーネル独特のファッションは、レストランを経営していた時代から徐々にできあがってきたものだが、全身白尽くめのスタイルはたしかに道行く人の目を引いたし、何より白色は飲食業において清潔感を象徴する色だった。

彼の髭がまだ黒かった頃、真っ白に染めようとしたというエピソードからも自分のキャラクターづくりへの念の入れようがわかる。彼は**自分自身を演出することによって店の宣伝を効果的に行っていた**のである。

カーネルは90歳で亡くなったが、彼の人形は今もケンタッキーフライドチキンの店頭で微笑み、彼の生み出したオリジナルチキンの味を自信を持って人々に推奨し続けている。

いかにも**「生涯働き続けること」にこだわった**カーネルらしい。

15 アイデアを「形」にする技術

ゴットリープ・ダイムラー（1834〜1900）
ドイツの技術者・発明家。世界初の四輪ガソリン自動車を製作。その後、ダイムラー自動車を設立。同社は、同氏の没後にベンツ社と合併し、ダイムラー・ベンツとなった。

ガスからガソリンへの大転換

「メルセデス・ベンツ」といえば高級乗用車の代名詞と言っていいだろう。この自動車にはゴットリープ・ダイムラーとカール・ベンツという2人の技術者の熱い思いが込められている。

この2人はそれまで一面識もなかったにもかかわらず、まるで運命の赤い糸で結ばれているかのように同じ時期にそれぞれが別々に自動車の開発に着手し、そして偶然にも同じ年に世界初の自動車を完成させている。

その後、自動車メーカーとなったダイムラーとベンツは合併するようになるが、彼らは**「ビジョンを持つことの大切さ」**と、**「蓄積された技術を白紙に戻す勇気」がビジネスにおいていかに重要かということを身をもって示す**ことになる。

自動車用のガソリンエンジンが開発される前は石炭ガスを燃料に使ったガスエンジンが主流で、それまでの蒸気や水力を使った動力装置よりは動かしやすかったが、ただ石炭ガスを発生させる設備をエンジンとは別に造らなければならず、工場に据え付けて使うことしかできなかった。

そこでダイムラーは**「ガソリンを燃料にすることで、持ち運びが手軽にできるエンジンは造れないだろうか」**と考えた。ガソリンならタンクに貯蔵しておけばいつどこにでも持ち運ぶことができるし、エンジンの構造もガスエンジンのそれを応用できそうだったからだ。

優れた技術者とはすべてをゼロからスタートさせるのではなく、これまで開発された技術を総合してそこからまったく新しい技術を生み出すというが、たしかにダイムラーとベンツが物理学者であれば夢のエンジンの開発を理論からスタートしたかもしれない。そうなったら自動車の誕生はもっとずっと先のことになっていただろう。

ところで、偶然にも同じ時期に自動車の開発を思いついた2人だったが、その後にとった行動は異なっていた。

ダイムラーはガソリンエンジンのアイデアに夢中になると、それまで工場長として勤めていたドイツ・ガスエンジン製造所を辞めて、同僚のウィルヘルム・マイバッハとともに自宅に実験工房を作った。エンジンの開発に取り組むことにしたのだ。

この時ダイムラーは48歳、5人の子供を抱えていた。厚遇されていた会社を退職するというこの行為は誰の目から見ても無謀とも思える独立だった。

一方、「どこでも使えるエンジン」の開発を夢見たダイムラーに対し、一方のベンツは初めからガソリンエンジンで動く自動車を造るつもりでいた。彼はこの時すでに近い将来やってくるであろうモータリゼーションの時代を見据えていた。このビジョンがあったからこそ、彼はその後の開発に一貫性を持てたのかもしれない。

彼もダイムラー同様、そのスタートは傍から見れば無謀とも思えるものだった。彼が**自動車の開発に着手したのは、自ら経営する機械工場が破産寸前の時だった**からだ。

難問は問題を単純化して考える

技術者の夢を自動車の開発に賭けたダイムラーとベンツだったが、そう簡単にガソリンエンジンを完成させることはできなかった。どうすればシリンダーの中でタイミングよくガソリンを燃焼させられるかで、2人とも頭を抱え込んでしまったのである。

エンジンを高速で回転させるためには、シリンダーの動きに点火のタイミングをうまく合わせることが大切だったが、ガスエンジンと同じような点火方式では複雑すぎてうまくいかなかった。

そこで新しい技術開発が必要になるが、2人はそれぞれ違う方法でこれにアプローチをした。

ダイムラーは**解決すべき問題をできるだけ単純化してみよう**と考えた。どんな難題でも、もつれた糸を解きほぐすように問題点を一つずつ整理してやれば、予想もしていなかった発想につながることを彼は知っていた。

彼はまず、**シリンダーの中のガソリンを燃やす熱の伝達方法を考え、画期的な方法を思いつく**。それはシリンダーの上から細い金属パイプを差し込み、パイプの反対側をバーナーで熱するというすこぶる単純なもので、複雑なガスエンジンのそれとは正反対のやり方だった。

おそらくダイムラーはガスエンジンの開発で多くの貴重な技術を持っていたにちがいないが、それをすべて白紙に戻す勇気を持っていたことで新しい基礎的な技術を考え出していた。

たぶんこれが普通の技術者なら自分がこれまでに生み出した技術に縛られ、新しい方法を発見したとしても、それは従来からある点火方式をより複雑なものにしただけだったのかもしれない。

自動車のない時代にモータリゼーションが予測できた理由

一方、ベンツがガソリンを点火するために考えた方法は、ダイムラーのようにバーナーで熱を送ることではなかった。**新しい熱源にバッテリーの電気をスパークさせることで生まれる火花を使う**ことを思いついたのだ。電気で点火すればタイミングがずれることがなく制御も確実だった。

ここには同じ技術者同士でもベンツとダイムラーの考え方の違いがあるように思えてならない。ガスエンジンに豊富なノウハウをもっているダイムラーは、その技術を生かしてガソリンエンジンを造ろうとし、最初から自動車そのものを造ろうとしたベンツは、ガソリンエンジンを自動車の一部に組み込むことを前提に考えていたのではないだろうか。

なぜならバッテリーは発電機を回して電気を溜めるのものだから、自動車のように走るものでなければ発電機を取り付けられないのである。こうしてベンツはエンジンとともにこれを搭載する自動車を設計し、ついに**世界初の3輪自動車を完成させた**のである。

ところがこの同じ年、ダイムラーの自宅に4輪馬車が届けられている。表向きは夫人へのプレゼントということだったが、ダイムラーとマイバッハはこれに自分たちが完成させた1・5馬力のガソリンエンジンを搭載して世界初の4輪自動車を試作するつもりだったのだ。

ここにも2人の考え方の違いが表れている。**初めから自動車を設計したベンツに対して、ダイムラーは既存の馬車にエンジンを積み自動車を試作している。**ダイムラーはあくまでもエンジンの性能を試すための自動車を作ったのである。

彼はこの自動車のテスト走行を成功させるが、「自動車が売れるようになるのはまだ先の話だ」と思っていた。

このためダイムラーは自動車の製造には踏み切らず、彼が開発したガソリンエンジンとそれを搭載したモーターボートの製造を本格的に始めることになる。

一方、モータリゼーションの時代を予感したベンツの自動車開発は軌道に乗っていた。これには妻のヴェルタの協力も大きかった。のちのメルセデス・ベンツは坂道に強い自動車という評価をもらっているが、これは彼女がそのきっかけをつくっていたのである。

ヴェルタは夫が完成させたばかりの自動車「ベンツ・モートル・ワーゲン」に2人の息子を乗せると、ベンツの生まれ故郷であるカールスルーエをめざして試走を始めた。

もちろん女性が自動車を走らせたのもこれが世界初だった。しかし、このドライブはけっして楽しいものではなかった。

目的地までは距離にして約60キロメートルだったが、時速15キロの自動車は途中でたびたび止まり、上り坂にさしかかるとそのたびに車の後ろを押して登らなければないという苦難の連続だったのである。

ベンツはこのドライブの一部始終を聞くと、妻の無謀さを怒るというよりも黙って考え込んでしまったのである。

どうすれば坂道に強い自動車ができるのか。これまでは平地で走らせることばかり考えてきたので走行装置に見落とした部分があったのだ。

ベンツはおそらく「ハッ」としたのではないだろうか。ギアの開発が遅れていたのだ。彼はさっそく**低速ギアを考案すると坂道でも力強く登れるようにした**のである。

ベンツの成功に刺激を受けた発想

このベンツの成功を聞いたダイムラーが刺激を受けないはずはなかった。彼は馬車にガソリンエンジンを載せるという発想から、初めからガソリンエンジンを載せることを前提とした自動車用のフレームを設計するように方向転換した。

これからは自動車の時代になることを確信したダイムラーは、その開発に力を入れると自動車用の優れたエンジンとタイヤを開発する。パリ万博ではV型2気筒エンジンを堂々と載せ、タイヤのホイールにスチールを使った画期的な自動車「シュタールラートヴァーゲン」を発表し話題となった。

いつの時代でも**技術者が事業で成功するためには、営業のノウハウを持った信頼のおける右腕の協力が不可欠**だ。優れた技術者だったダイムラーもこれは同じだった。「メルセデス」という高級車の代名詞は、実はダイムラーが名づけ親ではないのである。

ダイムラー自動車のディーラーだった実業家のエミール・イェリネックがダイムラーに

「自動車をさらに多く販売するためには、まったく新しい発想の自動車が必要だ」と提言したのがはじまりだった。それまでの「ダイムラーは上流社会の高級品」というイメージでは販売量が伸ばせないと思っていたのである。

イェリネックのこの考えは、ダイムラーの自動車をもっとスポーティにする必要があるというものだった。

さっそくこの注文にダイムラーが応じて高性能の新型車を開発すると、イェリネックはその自動車を36台まとめて発注した。これがのちに幻の名車といわれる「メルセデス35PS」なのであるが、ただ**ダイムラーという“ごつい”名前では売りにくかった。**

そこでイェリネックは、ダイムラーとの販売契約の中に「メルセデス」の名称を使用して販売することを盛り込むのだ。ちなみに、メルセデスとは彼の愛娘の名前である。彼のこの戦略は大当たりして、以後「メルセデス」の名前が使われるようになったのである。

「技術」の原点にあるもの

自動車会社として成功したダイムラー社とベンツ社にはそれぞれ2人の思想が表れている。**モータリゼーションの時代を予見していたベンツは、大量生産する自動車を設計し、**

エンジンにこだわったダイムラーはスピードの出るレーシング・カーに力を注いだ。

これが現代なら個性的な自動車メーカー同士として互いによきライバルとなったであろうが、当時、世界は第1次世界大戦を迎えていた。

優れた自動車の開発を夢見ていた両社だったが、ドイツの敗戦により経営が悪化するとダイムラー社とベンツ社はやむなく1926年に合併に踏み切り、「ダイムラー・ベンツ」となる。

そして**1998年には「世紀の大合併」と呼ばれたアメリカのクライスラー社との合併を行う**と、社名も「ダイムラー・クライスラー」に代わるが、その後合併を解消、現在の社名は「メルセデス・ベンツ」となっている。

ダイムラーとベンツによって世界初の自動車が開発されてからすでに138年が経っているが、2人が残したものは時代を超えた技術者としての原点を差し示しているようだ。

【参考文献】

『世界の名車物語』（間宮達男／中央公論社）、『世界財界マップ』（久保巖／平凡社）、『ビバンダムの偉大なる世紀』（オリヴィエ・ダルモン／エベック出版）、『世界の企業家50人』（大東文化大学企業家研究会編／永野慎一郎他／学分社）、『タイタン　上下』（ロン・チャーナウ／井上広美訳／日経BP社）、『クルマの歴史を創った27人』（広田民郎／山海堂）、『サム・ウォルトン』（ヴァンス・H・トリンブル／棚橋志行訳／NTT出版、『ベンツと自動車』（D・ナイ／川上顕治郎訳／玉川大学出版部）、『IBMの息子　上下』（トーマス・J・ワトソン・ジュニア／高見浩訳／新潮社）、『エクセレント・カンパニー』（T・Jピーターズ、R・H・ウォータマン、大前研一訳／講談社）、『ジャスト・ドゥ・イット』（ドナルド・カッツ／梶原克教訳／早川書房）、『スポーツ・ブランド――ナイキは私たちをどう変えたのか?』（松田義幸／中央公論社）、『ウォルマート』（ボブ・オルテガ／長谷川真実訳／日経BP社）、『アントン・フィリップス』（P.J.バウマン／高橋達男訳／紀伊國屋書店）、『ジャック・ウェルチ悪の経営力』（トマス・F・オーボイル／栗原百代訳／徳間書店）、『ジャック・ウェルチ　わが経営　上下』（ジャック・ウェルチ、ジョン・A・バーン／宮本喜一訳／日本経済新聞社）、『65歳から世界的企業を興した伝説の男　カーネル・サンダース』（藤本隆一／産業能率大学出版部）、『ぼくのフライドチキンはおいしいよ　あのカーネルおじさんの、びっくり人生』（中尾明／PHP研究所）、『マクドナルド―わが豊饒の人生―』（ジョン・F・ラヴ／徳岡孝夫訳／ダイヤモンド社）、『カーネギー自伝』（アンドリュー・カーネギー／坂西志保訳／中央公論新社）、『世界偉人自伝全集　カーネギー』（石川光男／小峰書店）、『チェンジ・メーカーズ　世界を変えた企業家たちの想像力』（モーリー・クライン／伊藤真訳／アスペクト）、『アメリカン・ドリームの軌跡―伝説の起業家25人の素顔』（H・W・ブランズ／白幡憲之、鈴木佳子、外山恵理、林雅代訳／英治出版）、『TIMEが選ぶ20世紀の100人（上巻）』（徳岡孝夫監訳／アルク）、『よくわかる外食産業　最新版』（国友隆一／日本実業出版社）、『ホテル王ヒルトン』（C・N・ヒルトン／五島昇訳／時事通信社）、『世界の企業家6　ヒルトン自伝　ホテル王の告白』（コンラッド・N・ヒルトン／広瀬英彦訳／河出書房新社）、『東京ヒルトンホテル物語』（富田昭次／オータパブリケイションズ）、『世界初、史上最大の百貨店王　ジョン・ワナメーカー』（ジョン・クゥアン、小牧者出版）、『ヴァージン──僕は世界を変えていく』（リチャード・ブランソン、植山周一郎訳／TBSブリタニカ）、『リチャード・ブランソン 勝者の法則』（デス・ディアラブ／山岡洋一・高遠裕子訳／PHP研究所）、『アマゾン、ニトリ、ZARA……すごい物流戦略』（角井亮一／PHP研究所）、ほか

〈ホームページ〉
日本ケンタッキー・フライド・チキン株式会社／日本マクドナルド株式会社、TECH+、AFPBB News、BUSINESS INSIDER、Forbes Japan、HARBOR BUSINESS Online、日本KFCホールディングス株式会社、Hilton、PROVE、MICHELIN、PHILIPS、世界史の窓、日本マクドナルドホールディングス株式会社、SBクリエイティブ株式会社、東洋経済ONLINE、DIAMOND Online、IBM、NHK、Reuters、statista、新潮社、ほか

※本書は、２００４年に小社から刊行された『億万長者の知恵』を改題の上、新たな情報を加えて再編集したものです。

監修者紹介

藤井孝一（ふじいこういち）
1966年生まれ。慶應義塾大学文学部を卒業後、大手金融会社でマーケティングを担当し、米国駐在を経て独立。現在、経営コンサルタント（中小企業診断士）。株式会社アンテレクト取締役会長。独立・起業にむけての情報提供や実践的なサポートで、長きにわたってビジネス・パーソンの支持を集めている。最新のビジネス書の要約と書評を配信する『ビジネス選書＆サマリー』は、同分野で日本最大級の読者数。ベストセラー『週末起業』（筑摩書房）をはじめ、『本当に頭のいい人が実践しているAI時代の読書術』（ぱる出版）、『読書は「アウトプット」が99％』（三笠書房）、『ビジネススキル大全』（ダイヤモンド社）ほか著書多数。

誰《だれ》もが知《し》っている
億万長者《おくまんちょうじゃ》15人《にん》のまさかの決断《けつだん》

2024年11月５日　第１刷

監修者　藤《ふじ》井《い》孝《こう》一《いち》
発行者　小澤源太郎

責任編集　株式会社 プライム涌光
電話　編集部　03(3203)2850

発行所　株式会社 青春出版社
東京都新宿区若松町12番１号 〒162-0056
振替番号　00190-7-98602
電話　営業部　03(3207)1916

印刷　三松堂　　製本　大口製本

万一、落丁、乱丁がありました節は、お取りかえします。
ISBN978-4-413-23381-1 C0034